「学校現場」を大きく変えろ!

MISSION DRIVEN

回転寿司チェーンで
売上トップだった
転職教師の僕が、
ツイッターで学校の
「ブラックな働き方」
を変えていく話

坂本良晶 著

主婦と生活社

～はじめに～

教師として、あなたのミッション（使命）は何ですか？

はじめまして。京都のとある小学校で教員をしている坂本良晶と申します。前職は回転寿司チェーンの店長をしていて、訳あって教員になることを決め転職。現在は公立小学校の教員として働く傍ら、「さる@小学校教師」というアカウント名で、オンラインを中心に活動をしています。

「より少ない時間で、より良い教育を進める考え方と具体的方法」を構築し、前職で得たビジネス界のマインドセットや手法を教育現場へと転用。ツイッターで発信したところ大きな反響があり、あれよあれよという間にフォロワーが増えていきました。

僕が掲げるミッションは、「教育の生産性を上げ、子どもも教師もハッピーに」です。

これまではおもに、学校のブラックな労働環境を、個人レベルで解決していく方法を提案してきました。長時間労働に苦しんでいた先生たちから「早く帰ることができるようになりました」という声も多くいただきました。

「教員は子どもたちのために全てを犠牲にして働くもの」という風潮は最近薄れてきており、「教員の働き方」を改善していくことはタブーではなくなりつつあります。そして、この考えに賛同してくれる教員仲間が日に日に増えてきています。

ただ、教員の労働環境のブラック化が一因となり、教員の成り手が減ってきているという事実もあります。このままでは、教員現場が人手不足になり、ますます現場の職員が疲弊するという状況に陥ります。

教員はかつて魅力的な職とされていました。しかし、近年、若者の目にはそう映らなくなってきてしまっているのが現実です。

教職という仕事を、再び魅力的にするためにはどうすればいいのか。そこで現在は、「教育の生産性向上」とあわせて、「教員の再魅力化」というテーマにも取り組み、発信を続けています。


いま、僕と同じようにミッションを掲げ、その達成のために自分の実践を発信する教員が増えてきています。若手から中堅小学校教員の間では、これまでにないグルーヴが起きてきているのです。

ミッションにドライブ（駆動）される教員が増えていけば、「学校現場」は大きく変わり、より面白い世界へと変わっていくはずです。そして、ミッションに取り組む教員は、教員を目指す学生たちに魅力的な存在、職業として映るのではないでしょうか。**一人でも多くの教員が自分のミッションを持つことが大切だと感じています。**

働き方改革が叫ばれるなか、「ミッション・ドリブン」という考え方は〝在り方改革〟であり〝生き方改革〟とも言えます。勤務時間という定量的な数値ももちろん大切ですが、いかに豊かに教師としての人生を生きるかという視点も必要であると考えています。

本書には、ミッションに奮闘する教師たちがたくさん登場します。そして、僕の目線を通して小学校の〝今〟が語られています。1章では、僕が教員になる前職での経験も掲載していますが、これは僕がなぜ「生産性」にこだわるのかにつながっていく話なので、あえてそこからスタートしています。

生産性を上げることによって生み出された余白のなかで、自らのミッションを持ち、発信することで、自身の成長を加速させたり、世論を変えていくことの必要性を提案しています。

また、巻末には2部構成として、どうすれば学校業務の生産性を上げられるかのノウハウも盛り込みました。日々の業務に追われる教員のみなさんの参考になれば幸いです。

読者の方が、自分自身のミッションを見つけられることを願っています。

坂本良晶

Contents

「学校現場」を大きく変えろ！ MISSION DRIVEN

回転寿司チェーンで売上トップだった転職教師の僕が、ツイッターで学校の「ブラックな働き方」を変えていく話

はじめに ―― 2

第1章

［考え方］「死ぬ」と思ったら、イシューから始める

「くら寿司～教師スタート」編

「生き方」を決定した原体験 ―― 12
バイトから「くら寿司」へ入社 ―― 16
エゴにドライブされ、売上1位に…… ―― 22
生産性無視の教員生活スタート ―― 33
あるべき学校運営に気づいた卒業式の出来事 ―― 37

第2章

［行動力］

「発信」により、自分をアップデート

「SNS開始〜watcha! 始動」編

SNSの世界へ。「さる@小学校教師」誕生 —— 46
リアル世界へと行動を加速 —— 51
世は大修正時代へ —— 56
偉いやつは一人もいない「watcha!」始動 —— 60
〝背伸び〟をして広がる世界 —— 65
「watcha! TOKYO」の成功と次なる未来 —— 69
公教育からエゴを撤廃する作業へ —— 73
イノベーションの外縁を広げる —— 78

Contents

第3章

〔変革〕ビジネスマインドを「教育」に取り入れる

「現在」編

「そもそもそれは正しい?」から考える ―― 82
自分を複眼的に見てみる ―― 86
全部やろうはバカやろう ―― 90
「現場ありき」を胸に ―― 95
イノベーションを生む「水平読書」 ―― 97
本をチューニングして新たに市場に出す ―― 100
win-winの情報サイクルを回す ―― 103

第4章

〔追求〕

ミッション・ドリブン

「未来」編

未来に向けて教員も変わるべき ―― 108
教師という仕事をもっと魅力的に ―― 112
問題を解決するEdtechという福音 ―― 116
信用経済という「島」での生き方 ―― 122
教員と「お金」の未来 ―― 125
世間とズレがある教育界 ―― 129
令和時代の職業観 ―― 133
公立、私立に続く第三の選択肢 ―― 137
自分の時間を生きる ―― 142
ミッション・ドリブンの世界へ ―― 145
やっぱり……、教師は素晴らしい仕事 ―― 152

Contents

「おわりに」にかえて —— 154

※第2部は巻末のページから始まります

第2部

[実践編]

教育の生産性を上げる3つのテクニック

なぜ、生産性を上げるのか? —— 2

1 仕事の価値づけ —— 4

2 タイムマネジメント —— 9

3 資料管理 —— 16

[特別寄稿]

● "学び"をコントロール 葛原祥太先生 —— 76

● Edtech実装の教室 若松俊介先生 —— 118

● フリースクールの設営 ざるくん(神前洋紀先生) —— 138

第1章

［考え方］

「死ぬ」と思ったら、イシューから始める

「くら寿司〜教師スタート」編

「生き方」を決定した原体験

ツイッターで「意識高い系」なんて揶揄《やゆ》されることがある。しかし、学生時代の僕はひどいものだった。そこそこの私立高校の特進コースに入ったものの、学校が本当に面白くなかった。学校不信の極みだった。

じつは、勉強が全然わからなかった。とくに数学。もともと算数も苦手で、中学の時点で躓《つまず》いてしまったのだ。だから、数Bとか数Ⅱとかホントにヒマでヒマでヒマ過ぎて、地獄だった。この、数学がわからないというのは、「成績が悪い」という事実以上に深刻なウラがある。それは、「勉強をする必要性」だ。

僕は文系の私立大学への進学を予定していたため、数学が受験に不要だった。つまり、高卒という称号をもらうためだけに数学が必要だったわけだ。

当時の僕の苦しみは、現代の子どもも味わっているはず。すなわち、人生を生きるうえで本質的には不要な勉強をすることによる時間的喪失。これはなくしていかないといけないと、教師になったいま切に感じる。

命の有限性を知った、ミレニアム・クラッシュ

1999年12月31日の未明、僕はバイク事故を起こす。連日の短期のバイトで疲労困憊《こんぱい》のなか、友達とカラオケに行っていた。その帰り道、僕はバイクで事故った。ちなみに事故ったときの記憶はない。強く頭を打つと、その少し前の記憶も飛ぶらしい。たぶんだが、僕は居眠り運転をしてしまったのだと思う。線路沿いの細い路地を走っているときに転倒したらしい。幸い、友達二人がすぐに救急車を呼んでくれた。もし、これが僕一人だったら、寒空の下、天に召されていたに違いない。

頭蓋骨骨折、全身打撲、肩の脱臼、前歯4本損失、血まみれという状態で病院へと運ばれた。記憶が回復した瞬間を克明に覚えている。ドラマのように病院の天井が見え、次に緑色の服を纏《まと》ったお医者さんの姿が目に映った。

初めの一言が「気がつきましたか？ 頭蓋骨骨折ですー」だ。今思えば、結構雑な病状の伝えられ方だったと思う。かくして、僕は世がミレニアム（千年祭）と騒いでいるなか、病床で過ごすこととなる。

1週間ほどで一旦退院するものの、とある理由から再入院し、大きな手術を受けることとなる。鼻から、透明な液体がポタポタと漏れ落ちるようになったのだ。それも片方の鼻からだけだ。これは絶対にやばいやつだと思い、退院した病院へ足を運ぶ。結果、鼻水だろうと診断される。しかし、鼻水にしては何の粘り気もなく、クリアすぎた。やっぱりおかしい。そう思い、翌日もう一度同じ病院へ行く。その日のお医者さんは、話を伝えるうちに急に表情が険しくなった。そして、鼻にリトマス試験紙のようなものを突っ込まれる。悪い予感しかしなかった。そして、取り出されたリトマス紙のようなものは、変わってはいけない色に変わってしまっていたようだった。

すぐさま病室に担架が運ばれ、僕は仰向けにされ、仰々しく病室を後にした。運ばれた先は脳外科だった。事故による頭蓋骨骨折からタイムラグを経て脳膜が破れて、中の脳髄液が漏れ落ちていたのだった。

数日間の絶対安静のあと、その破れを閉鎖する手術が行われることとなった。そのときの担当医の言葉を今でもよく覚えている。

「この手術は、絶対に成功すると約束できるものではありません」というものだった。柔和な表情から放たれるその言葉とのギャップが印象的だった。

麻酔をする前に、こんなことを思った。

「あぁ、死ぬかもしれへんなぁ」

当時の僕は守るべきものも、将来へ向けてのビジョンもなかった。だから、あまり切実に何か、こう……生きたい！ といった感覚もなかった。ただただ、麻酔が僕の神経を停止させることに抗《あらが》うことなく、僕は意識を奪われていった。


8時間後、天井が見えた。

「生きている……」。朦朧《もうろう》とした意識のなかで、そんな事を思った。当然ながら、頭の中をわさわさされたわけだから、術後は本当に苦しかった。側に母親がついていてくれたのだが、その日の晩は永遠に明けないのではないかというぐらい、長く、苦しかった。


この経験が、今に大きく生きている。それは人生の有限性を認識したことだ。一度死を間近に実感することで、その認識を獲得することができる。限りある人生で何かを成し遂げて終わるのか、何をも成し遂げずに終わるのか。その選択肢が存在していることを知り、それからは前者を選びたいと願うようになっていった。

バイトから「くら寿司」へ入社

大学時代の成績も散々だった。大学1回生後期の取得単位は3。その原因は、回転寿司チェーンでお馴染みの「くら寿司」のバイトを1回生の秋から始めたことにある。お店がオープンから1年弱の新規店舗だったので、オープニングスタッフのメンバーの〝圧〟が強すぎて、僕自身は萎縮しまくりだった。全然仕事ができず、テンパッてばかりで自尊心を失いまくり。些細なことに聞こえるかもしれないが、人生最大級の挫折だとこのときは思っていた。「辞めたい、辞めたい」と思っていたけれど、それを言い出す勇気も持てずにズルズル続けること3か月。しかし、何かコツをつかんできたのと時を同じくして、先輩からバイト後にご飯に誘ってもらえるようになったりして居心地がよくなり始める。「辞めたい」を口にする勇気がなかったことが理由にせよ、逃げずに克服した経験は大きかった。

次第に、バイト後に朝までカラオケやビリヤードをやったりするのが当たり前になる。そして朝日が昇ると吉野家へ行き、牛丼を頬張って家へ帰って寝るをくり返す。大学生であるにもかかわらずほとんど大学にも行かずに、バイト→夜遊び→朝帰りのルーティーンに陥る。客観的に見てクソみたいな生活だなって感じてはいたけれど、そんな堕落しきった暮らしが妙に心地よかった。バイト代は大体パチンコ代に消えた。当時、パチスロ『北斗の拳』ってのが大ブームで、もうその事ばかりを考えていた。さるのようにスロットをやっていた。そう、僕は社会において、お寿司屋さんからパチンコ屋さんへお金を運ぶ歯車となっていたのだ。

3回生からはバイトをしつつ、少し更生して大学に通うようになった。大学一厳しいゼミにあえて身を投じて退路を絶った。ちなみにそのときの仲間とは今も親交が深く、当時同じゼミで、現在はイラストレーターの宮内めぐみさんが、この本のイラストを描いてくれている。

そして4回生。週に5.5回も大学へ通う（わざるを得ない）という、逆に意識高い系の大学生になる。当然、就職活動をする時間もない。バイトでは統括リーダーといって、店長代理として店長の休みの日に店を見る立場になった。統括リーダーになると、本部で試験を受けることになる。そこで合格したら時給がアップする。

ここで運命の出会い。Hマネージャーが試験官となり、いろいろと話を聞かせていただいた。彼は当時24歳でエリアマネージャーをしていた。僕はHさんに猛烈に憧れた。こんな人になりたい。僕は、くら寿司への入社を決意する。そして、その後も僕のメンター（恩師）として彼は存在し続けることになる。

●「力のあるふり」ほど嫌われるものはない

大学4回生の冬。当時のSV（スーパーバイザー）から変な話をされる。

「おい坂本、お前来月からA店の店長をやれ」

全社レベルで人員が回ってなくて、人手不足の極み。そんななか、無茶振りをされる。でも、内心は嬉しかった。かくして、アルバイト店長として近隣店舗で働くこととなる。

結果は大失敗。

当時の僕に実力なんてものはこれっぽっちもなかったのだ。なのに、22歳でアルバイト店長という肩書から自分をエリートだと勘違いし、さして年の変わらない学生アルバイトの上に立とうとした。彼らのほうが、実力が上なのに。

アルバイトやパートさんの反発にあう。休みはマジで全然なく、うん10連勤が当たり前。当然、疲労困憊で体調も最悪。そして本部からマネージャーやスーパーバイザーが来ては、衆人環視のなかでボコボコに怒られる。ますます従業員からの信頼も失う……。

なお、そのマネージャーはガタイがメチャメチャデカくて「ラオウ」と、そして彼の乗る黒のヴォクシーは「黒王号」と陰で呼ばれていた。

このときに学んだことは2つ。

①人手不足では何もできない

②実力がないのに、上に立とうとすると嫌われる

この状況を脱するために、とにかく人を確保しようとバイト募集の広告を打つ。新聞折り込みの求人広告を1回出すのに3万円のコストがかかる。それを3回出すことを本部にお願いした。死ぬか生きるかの話なので強引に押し通した。

「モグラ叩き」の電源を探し当てる

春休み、バイト希望者がいっぱい来た。とくにフロア（ホール）担当のバイトが危機的にいなかったなか、女子高生が5人も来てくれて、この子たちを育てて絶対辞めさせないと決意する。会社のルールではOJT（現場で教える）になっていたけれど、人手が足りない現場にいきなり新人を放り込んだら辞めるに決まっている。だから、リーダーと新人アルバイト5人を昼間のガラガラの時間にあえて入れて、和気あいあいとした感じで接客や作業を覚えていってもらった。

管理が厳しい会社なので、翌日の売上に対する人件費率が適正でないと、すぐに本部から電話がかかってくる。だから、平日の3時に6人のバイトが入っているなんて知れたら、鬼のような勢いで電話が鳴るはずだ。面倒くさいので数値を改竄《かいざん》して本部に報告しておく。こっちは死ぬか生きるかのラインでやってんだ。ここでお金を使って店を安定させないと、マジで過労死する。

結果、その時期から好転していく。アルバイトから信頼ゼロの状態だったのが、少しずつ回復していった。

この苦い経験での大きな学びは、「イシューから始める」ことの大切さだ。

イシューとは、問題解決のための取り組むべき価値のあるものというニュアンスで捉えればいいと思う。店がどうにもこうにも回っていないという問題を解決したいとする。商品がきれいに作れていないと注文をうまくさばけず、負荷が高まる。接客が悪いと、クレームが来るし、売上も下がる。でも、これらひとつひとつの問題のモグラ叩きをしていてもラチがあかない。ここでのイシューは、「人を増やすこと」にあった。これこそが、モグラ叩きの根本の問題を解決する電源だったのだ。人がいないから、商品を雑に作るし、接客も丁寧にできない。そんな状況で「ちゃんとやろう」と言ったところで、ちゃんとできない。


学校現場では、どうだろう？　じつは、僕がこの頃に陥っていた状況は、今日の学校の縮図ではないだろうか。だから、現場に人を増やさなくてはいけない。だから、教員を目指す学生を増やさなければならない。だから、僕たちが現場を良くしていって、安心させていかないといけない。

エゴにドライブされ、売上1位に……

店長になって1年半ぐらい経ち、売上の高いB店へ異動になる。そしてさらに半年後、日本有数の売上を誇るC店に異動になる。ちなみに、異動のシステムは教師の世界とは全然違う。当時の上司、そう僕がバイト時代に憧れたHマネージャーから夜中の1時に電話が入る。

「あ、坂本君？　おはよう（業界ルールでどの時間であれ、おはようございますが挨拶）。異動やわ。1月16日からC店（10日後の話）。頑張ってな」

その店はヤバかった。バイトの素行がメチャメチャ悪い。事務所はタバコの煙でモクモク。禁止されている明るすぎる髪の色。ガムを噛みながら出勤の挨拶をして、そのガムをペッとゴミ箱に吐き出す。

でも、当時の僕はノリに乗っていた。これを否定しても店が良くなるはずがないことはわかっていた。売上が高い店ほど、従業員の戦闘能力は高い。その戦闘能力をリスペクトして認める。そして店のリーダー格であるメンバーと信頼関係を築く。

ここでの信頼の築き方は、自分の能力を誇示するのではなく、自分の弱さを曝《さら》け出すこと。ただ、それはへりくだるのではなく、あくまでも「作業」という能力では低いことを認めること。でも、みんなが気持ちよく働ける仕組みにする「マネジメント」は頑張るよ、という姿勢を見せる。

多分、小学校教師でも同じことが当てはまると思う。体育の時間、自分が見本となってヒーローになるより、上手い子にやってもらうほうがよい。もし、「自分が見本をしたい!」と思っていたのに先生がやって拍手喝采《かっさい》になったら、その子は面白くないはずだ。じつはこの場面で、こっそりと信用をなくしていると思う。

ここで、僕はある大失敗をする。

今でも覚えてるし、後悔している。

過度な茶髪やメイクといった問題も、徐々に改善されつつあった。そんななか、上司がある子を見て「まだ茶髪おるやんけ! そんなんも直せへんのか!」と言って、僕の胸ぐらをつかんで厨房で突きとばされるということが起こる。

そして僕はその子に厳しく言う。その子は泣く。そして、トイレに閉じこもる。さらに僕は「早よ、出て来いや！」と罵声を浴びせる。

上司に言われるまま、怒った。これは自分を守るためのエゴにドライブされた行為であって指導ではない。店長として従業員に厳しく指導しているが、まだ改善されていないという事実をつくり、免罪符をもらうための最低の行為だった。

この子は当たり前のことだけど、このことを相当根に持っていた。2年前、機会があってようやく謝ることができた。

怒りをプラスのエネルギーに

この事件から半年ぐらい経って、店はかなり良くなってきた。いろんな評価項目があって、そのなかでも全国ワーストだった接客、クリンネス（清掃）といった項目がトップクラスになるようになった。僕が辞めた翌月に接客部門で、MVPになったとか。なぜにそのタイミングなのか。

そして、この時期、あることで本部と揉《も》めた。それは本部の出すモード表（売上に対して何をどれだけ製造するかが算出されるソフト）を使ってないということを指摘されたからだった。

そのソフトは各店舗の特性を細かに反映したものではなかったので、僕はイマイチと思っていたのだ。結果、在庫が足りなくなったり、余って廃棄になったりする食材などが多く出た。だから、エクセルで自分で作ったものを使用していた。売上構成比率とネタごとの消費期限から逆算して、よりピーキー（厳重管理）な塩梅《あんばい》のものを。

そんな折、「何で本部のソフトを使ってへんねん！　だからお前の店は利益出ぇへんのじゃ！」と数値管理のマネージャーにキレられる。

その言葉に、僕の中に逆襲の火が灯った。ここでの最強カウンターパンチはキレ返すことではなく、自分のソフトを使って利益額を全国ナンバーワンにすることだ。怒りをマイナスのエネルギーに転化するより、プラスのエネルギーに転化することを選んだ。

その日から徹底的に原価率管理をした。といっても、安いネタのグラム管理なんてのは大した問題ではない。安いコーンのグラムが多少多くても影響はゼロに近い。高原価商品に絞って廃棄が出ないようにピーキーなモードへ変更した。

限りある自分の時間を選択・集中することは大事だ。すべての商品の管理を完璧にすることは不可能だから、原価率に大きく影響を及ぼす箇所は絶対に押さえた。

そして、この時期にリーマン・ショックが起こる。同時期に原油価格の高騰も起こった。すなわち、景気減退に伴う売上減少と、漁に出る船の燃料価格上昇に連動する食材費高騰というダブルパンチだ。月次といって、毎月の全店舗の全ての数値が丸裸にされたものが出る。それを見るとどこの店も悲惨な数字が並んでいた。とくに関東の店舗は売上に対するテナント料率が高いので、赤字の店だらけだった。

そして僕の店。狙い通り、全国1位の利益額を叩き出し、MVPとして表彰された。メチャメチャ気持ちよかった。


そうそう、ちょうどこの頃に、教師になることを決めた。

ニュースで「教員採用試験の倍率が低下している」というのを見た。詳しく調べると、僕の受ける京都は3.5倍ぐらいで、教員免許は頑張れば通信大学で1年で取れることがわかった。即行で決め、上司に半年後に辞める意思を電話で伝える。

なんで辞めたかったかというと、当時は生涯賃金が少ないからとか、いろいろと言っていたけど、今ならそれを言語化できる。

それは、会社のミッションに共感できていなかったからだ。

僕が頑張っていたのは、会社のためでも何でもなく、自分の力を誇示することが完全に目的になっていた。エゴ・ドリブン（自分本位）の権化だったのだ。

認めて、信じて、任せる

このとき、隣の店の店長も兼任するという話が持ち上がった。僕は「やる」と言った。半年後、もう辞めることが決まっているのにだ。

目的はそう、総売上額ブッチギリ1位の店長という座が欲しかっただけだ。自己顕示欲、名誉欲というエゴにドライブされたヤバイやつだ。結果、月商2000万〜2500万ぐらいが全店の平均額だが、僕は2店舗合わせて月商8000万ほどの売上を誇る兼任店長となった。

普通は絶対無理な数字だが、ここにはあるカラクリがあった。それは、一番優秀なアルバイトのKくんに対して、権限を徹底的に譲渡したこと。すると、彼は覚醒した。

もともと僕の数倍のスペックを持っていると感じていた彼に、店長業務の全てを教えた。すると、強烈に自立的に機能するチームへと変貌していった。

従業員たちを認めて、信じて、任せる。これが責任感とモチベーションを高めるのだ。年末年始の超繁忙期、バイトがトップとして店を回しきった。彼らの中には「俺らはバイトだけで店を回せる」というプライドが完全に芽生えていた。

従業員を理不尽から守る役割も大切だ。会社にはいろんなマニュアルがある。そして、それを徹底させるため、厨房内には遠隔操作できるカメラが付いている。守られていない場合は、本部のカメラ担当から電話で指導が入る。マニュアルは守らないといけない。でも、それは手段であって目的ではない。

たとえば、ネタを切るときには、規定通りの重さになるように5枚切るごとに1枚のグラムを量ることになっている。ただ、熟練のバイトなら別に量らなくても正確に切ることができる。カメラがグルッと動き、ネタ切り場のほうを見つめる。そのとき、ネタ切りをしている熟練のバイトAに、「A、カメラ（に注意）！」「店長、オッケーす！」というやりとりのあと、5枚に1枚量るフリをする。はかりの電源は入っていない。ファッション計測だ。

ここで〝正論バカ〟が、そのバイトに対して「なんで、はかり使わへんのじゃ！」となると、店は崩れる。そして、その崩壊をバイトのせいにする。清濁を併せ呑み、その瞬間瞬間の最適解を選ぶ思考が大切だと思う。

いわゆるコーチングというものが飲食店責任者には求められる。なぜなら、自分の勤務時間外も、休みの日も店は営業しているからだ。もし、店が自立していなかったら、休みの日にその都度電話がかかってくる。これはかなり鬱陶《うっとう》しいし、ストレスになる。圧倒的なリーダーシップを発揮し、先頭に立って指示をしまくるマッチョ型店長が一見仕事ができそうに見えるが、実際には逆。自分がいなくても回るチームをつくれる店長が優秀なのだ。

多少判断が間違っていても責任はとるから、任せるよというスタンスが大事。わからないことがあったら何でも電話してきてねっとすると、思考停止の部下が量産される結果になってしまう。

これは学級担任にも同じことが当てはまるはずだ。

●何事も相手ありきで

ただ、この時期から僕は再び腐りはじめる。

新しく兼任したほうの店が、思っていたよりも上手くいかなかった。合う、合わないというのも、やっぱりある。これも学級担任と同じ。

自分なりのロジックを持って店をつくっていこうと思ったのに、それがフィットしなかった。初めの店で、従業員の上に立ってはいけないと学んだはずなのに、またやってしまった。店が上手く回らず、イライラして皿を床に叩きつけて割ってしまったことを今でも覚えている。空気が固まって、従業員さんがそれを拾い集める。そんなことを今ここで書いて懺悔《ざんげ》しても何の意味もないのだが、書きたいと思う。本当に最低なやつだった。

何事も相手ありき。極めて自分本位に動いてしまったことを今でも悔やんでいる。3月、一度も使っていなかった有給を最後に消化したいと人事部に伝えた。「上司に相談します」という言葉を最後に、結局返事はなかった。さらに腐った。

通信大学で、1年で教員免許を取得するためには、毎月レポートを4本提出しないといけない。だから、4月までにそれなりにストックをしておく必要があった。どうしたかというと、自分の出勤シフトを土日の14時から17時だけにした。フレックスタイム制なので、自分でシフトを決められるのだ。

もちろん、その通りにすると店のみんなに迷惑がかかるので、多くの時間、新しく兼任した店の隣のファミレスに引きこもった。レポートを作成するためだ。何かあったらすぐに駆けつけられるようにして、テキストを読みレポートを作った。

結局、店はそれなりに安定するようになったけれど、後ろめたさがいっぱいだった。立つ鳥跡を濁しまくりだ。

最後の日、従業員から花束をもらった。でも、素直に喜べない気持ちも当然あった。最後は完全に手を抜いてしまっていたからだ。

不安もあった。明日から無職だ。教員免許を取って、本当に、その次の年に教職採用試験に合格できるのだろうかと。

改めて思うことは、人間は学んだことを忘れ、同じ過ちをくり返すということ。成功体験は結構な勢いで失敗から学んだことをかき消してしまう。成功しているときほどダメだったときの自分を思い出す作業をキッチリとしておかないといけない。

●ミッションを共有する仲間

教員採用試験を前にして、半年前ぐらいから勉強会に参加するようになる。当時、m・i・x・iに存在していた「ハロハロ」というコミュニティだ。正直、教員採用試験に受かる自信はまったくなかった。啖呵《たんか》を切って仕事を辞めたのに、これはいよいよダサい展開になるぞと、不安でいっぱいだった。

だから、情報収拾のためと思って参加したのだが、結果として財産を得ることとなった。ミッションを共有する仲間だ。教員採用試験合格を目指し、切磋琢磨《せっさたくま》した。毎週大阪のカフェに集まり、筆記の勉強をしたり、面接の練習をしたりした。僕は根っからのサボリ魔で、一人ではなかなかそういうことができなかったので本当にありがたかった。ミッションを共有する仲間同士が相互に生み出すシナジーの強さを知った。これは極めて汎用性の高いもので、その後、僕は教員になってから、それを生かして教職世界の一部を変えたいと願うようになる。

生産性無視の教員生活スタート

勉強会のお陰もあって無事に教員採用試験に合格し、教員生活がスタートする。初任者として受け持った4年3組は、やっぱり今でも心に残っている。その学年を3年間持ち上がり、卒業させて異動という、割ときれいな流れだった。

当時、僕はただただ、いい加減で熱くて面倒くさいやつだった。当時、僕のなかで定時退勤という概念はなく、放課後は5時まで男子と一緒に野球をしたり、女子たちのややこしい話に付き合ったり、とにかく楽しく、泥くさくやっていた。

一番心に残っているのは、6年のときの組体操だ。今でこそ猛烈なバッシングを受ける組体操だが、２０１０年頃はそういった空気感はまだなかった。

僕はミスチル（Ｍｒ.Ｃｈｉｌｄｒｅｎ）が好きで、組体操のクライマックスには『終わりなき旅』を使った。

今では考えられないが、5段タワーを建てるというミッションに向けて、子どもたちは頑張った。しかし、何度やってもできない。運動会当日は刻一刻と迫ってくる。学校長からは、「明日、タワーが成功しなければ許可しない」という達しが出た。その日の晩、0時まで学校に残って、配置を考えた。それぞれの体重や握力といったデータまで引っ張り出し、どういう配置にするのがベストなのかをひたすらエクセルに打ち込んだ。成功しなかったときのためのB案も考えた。でも、当時はこんなに遅くまで残業をしていたのに、ものすごく幸福感に包まれていた。これは言語化することはむずかしいが、とにかく「生きている」という強い感覚があった。

翌日、祈るような気持ちで笛を吹く。1段、2段、3段。ここまでは大丈夫だった。問題は4段目以降。どうしてもバランスをとるのがむずかしく、これまでの練習ではここで失敗してしまっていた。しかし、子どもたちは期待に応えてくれた。いよいよ、5段目。僕はタワーの中心部真下から上を見上げる。万が一、真ん中に子どもが落ちてきたとき、キャッチするためだ。

前日まで何度やってもできなかった5段タワーが、建った。

そのときの光景を鮮明に覚えている。子どもたちの達成感に満ちあふれた表情は今でも忘れない。

今でこそ、「生産性」といったキーワードを持ち出し、教職界に合理性を問う立場をとっているが、内心、若い頃は苦労をしていいと思っている。もちろん、持続不可能な働き方になって、退職を考えたりするようなものは絶対ダメだ。しかし、定時退勤と残業地獄という白と黒の間で、自分なりの最適なグレーを見つけて、頑張ってよい時期だとは思う。

●エゴを捨て去れ

初任校では、研究授業をする機会が多くなる。僕も例にもれず何度か研究授業をした。しかし、僕の当時のマインドセットはひどいもので、悪手の見本のような時間の使い方をしていた。

社会科で京都府の伊根町について学ぶ授業があった。伊根町は2階が住居、1階が船のガレージとなっている舟屋が多いことで有名な漁業の町だ。授業のために、僕は3時間かけて伊根町まで足を運び、遊覧船に乗って港周辺の動画を撮影した。そして、多くの時間を使って動画の編集をした。

研究授業当日は、その動画を流したり、Ｇｏｏｇｌｅ Ｅａｒｔｈを使って地形の説明をしたりした。今思えば、これは授業でも何でもなく、伊根町に関する、ただの「説明」だったのだ。子どもにちょくちょく手を挙げさせて授業風になっているが、9割方は一方的な説明だ。

そんな僕をドライブさせていたのは、いつも通りエゴだった。「先生はこんなにも頑張ってくれている」「坂本先生は熱心に現地まで行き、教材を作ってえらい」という賞賛というニンジンにドライブされたアホな馬だったのだ。


そこには子どもの学力を伸ばすという目的意識は1ミリもなかった。自己顕示欲や承認欲求といったエゴに端を発する仕事はろくなものにならない。今ならそれは僕にもわかることだ。でも、それに気づいていない教員はまだまだいっぱいいるのではないだろうか。いや、一教員ならまだしも、管理職だってそうだ。

体裁重視のエゴが何も生まないクソ仕事を増殖させている。働き方改革とはエゴを捨てることからスタートするのではないだろうか。

あるべき学校運営に気づいた卒業式の出来事

3年間持ち上がった子どもたちは、基本的に学力が高かった。その一因は算数の授業の初めに毎回やっていた「百ます計算」にあると、後々わかるようになる。陰山英男とかいう人が考案したことぐらいは知っていたが、当時の僕はこの勉強法が意味するところをまったくわかっていなかった。後に、陰山先生と一緒に仕事をすることになるとは、このときは知る由もなかった。

授業の初めに時間を割かれるのが嫌だったのだが、当時の学年主任から「これやっといたら楽なんやで」と言われ、極めて受け身的にやっていた。

しかし、結果として子どもたちの計算力は総じて高くなり、集中する力も育っていった。そして、数年後、大切なことに気づいた。世の中の教育実践には理念が存在している。その理念を理解せずに、表面的に取り組むことはダメだといった風潮があるように思う。

しかし、この当時、僕は陰山先生の理念などまったく理解しないで百ます計算をやり続け、結果として子どもたちを伸ばすことに成功していた。それは僕の手腕や場所を問わず、再現性が高い実践だったからこそ、成せた技なのだろう。そう、ときとして理念は足かせとなるのだ。

そもそも、教育書を熱心に読んだり、積極的にセミナーに参加したりする教員はマイノリティ（少数派）。多くの場合、そのマイノリティの蛸壺《たこつぼ》の中での議論や実践がくり返されている。その理念を知り、実践を積み重ねた教師の子どもたちは大きく成長するだろう。

しかし、結局、多くの市井の教員は忙殺され、何となく指導書を見ながら授業を進めることになる。再現性のない実践は、残念ながら点でのイノベーションを起こすことはあっても、面でのイノベーションを起こすことはできないのだ。

●トップダウン方式への疑い

学校現場が忙しくなる要素のひとつが、研究指定校の制度だ。僕の初任校は京都府の研究指定を受けていた。内容は外国語活動。当時、ほぼゼロからのスタートだったため、負担は尋常ではなかった。毎日毎日せっせと英語カードのラミネートを作成したり、定時を過ぎても延々と研究部会の会議が続いたりした。

とくに研究授業を全4クラスが行う僕たち6年生の担当は悲惨だった。僕のクラスは桃太郎のパロディ版である、『茶々太郎』という英語劇をすることになった。勤務校は京都府の宇治市にあり、その名産品が宇治茶だったからだ。その劇の練習をする傍ら、6年生のほかの3クラスの英語の授業もするという破茶滅茶ぶりだった。もはや英語一色。

そして、迎えた研究発表会の当日。僕のクラスの子たちは、持てる力を出し切って、歌あり踊りありの劇団のような英語劇を成功させた。ちなみに、主演で茶々太郎を演じた濱田莉多《はまだりた》さんは、現在芸能事務所に所属し、女優として舞台などで頑張っている。そして、彼女に征伐された鬼役の山本奨人《やまもとしょうと》くんは、令和元年の夏、智弁学園のエースナンバーを背負って甲子園のマウンドに立った。

当時は疑いもなく熱い血でやっていた僕だが、今思えばいろいろとおかしかった。

たった15分間の本番のために途方もない時間をかけて準備をしていたし、台本なども全て教師が作るトップダウンとなってしまっていた。

劇が終わり、体育館に集まった数十人の教師から大きな拍手を受けたとき、子どもたちは大きな達成感を得たと思う。けれど、本来の目的である外国語活動の力がついていたかと言えば、疑問が残る。そう、学校現場では得てして、達成感と成果が混同されがちになる。その結果、コスト度外視の取り組みが行われ、それを達成感という解像度の低い代物で帳尻を合わせようとしているのではないだろうか。とはいえ、僕と31人の子どもたちとにとっては大切な思い出だ。

茶々太郎、本当に最高だった。こういうのがダメなんだろうけれど、そこは譲りたくないところでもある。

飛べる雛を飛べないと思い込んでいないか

卒業式を間近に控え、面白い動きが始まる。

子どもたちの一部が、卒業式にサプライズをする作戦を立て始めた。とはいうものの、124名の大所帯の6年生だ。気づかないふりをしていたものの、すぐにその動きを僕は察知した。

迎えた卒業式。ゆずの『友~旅立ちの時~』を歌う子どもたちを見て、目の前が霞む。練習のたびに涙を流していたが、やはり本番も同じだった。無事、式が終了し、僕たち先生は子どもたちの先頭を歩き、紅白幕を潜った。

想定外を装った想定内で、僕たち4人の担任団はもう一度体育館へ入場するよう誘導される。そして、紅白幕をめくり上げた僕のクラスの男子が、「まだまだ卒業式は終わらないぜ!」と叫び、子どもたちがどんどんと体育館へ再入場してきて、ひな壇へ登っていく。そして、ここから本当の卒業式が始まった。

子どもたちは、自分たちで考えた呼びかけを始める。与えられた言葉ではなく、自分たちで紡ぐ、等身大の言葉が胸に染み入っていく。よくよく見たら、生徒の並びはバラバラで、クラスとか仲良しとか関係ない様子だ。全員揃っての全体練習なんかしてないのだから、よく考えれば当たり前だ。

そして、ピアノの上手な子が鍵盤を叩き始めた。組体操で使って以降、学年のテーマソングとなっていた、『終わりなき旅』だ。リーダー的存在だったMさんから、歌詞の入ったメッセージカードが手渡された。歌詞は替え歌になっている。子どもたちの表情を見ながら最高にハッピーな気持ちで、歌に聞き入る。意外と涙は流れなかった。嬉し涙より、誇らしさが勝ったのだと思う。

ここに、大きな、大きなヒントがあるように思える。今、学校で膨大な時間を費やして準備しているさまざまな学校行事。変な体裁を捨てるとともに、もっと子どもたちに任せていいのではないかということ。

管理型学校運営から、自立型学校運営へと舵を切るべきだ。並ぶ順番なんてどうだっていい。呼びかけの言葉が多少間違っていてもかまわない。大切なのは、子どもたちを認めて、信じて、任せることではないだろうか。

子どもたちは、教師の手を離れて自立をしはじめていた。ツバメの雛が巣から飛び立つかのように。

今の学校は、飛べる雛を飛べないと思い込み、わざわざ飛べる手伝いをして仕事を増やすという、茶番をしているのではないだろうか。

真の働き方改革とは、子どもたちを自立させることにあるのではないだろうか。朧《おぼろ》げにだが、当時そんなことを思っていた。

●全員のことを好きでいること

感動の卒業式から、時は流れた。勤務小学校もかわり、正直に言うと、あまり良くない時期が続いた。上手くいかなくてメンタルをやられ、30分ほど授業をボイコットしたこともあった。子どもたちが図工の作品鑑賞をしている間、非常階段に座ってくすんだ空を見上げていた。慕われる教師から、認められない教師へと落ちぶれていく自分自身を憂う気持ちに、完全に支配されていた。

初めの「4年3組」の子どもたちと比較してしまう自分がいたのだ。言うまでもないが、これは最低の行為で、絶対に持ってはいけない考えだ。子どもに向き合えず、子どものせいにする最低な自分がいた。今でこそ、その考え方は捨て去ることができているものの、僕は今でも後悔の念を持ち続けている。

この仕事をしていて、一番辛いのは、以前担任をしていた子どもと街で出会って、気まずくなってしまうときなのではと感じる。何の運命か、1年間同じ教室で過ごし、すれ違いを生むことは、本当に悲しいことだ。そういった失敗経験から、僕は僕の中にひとつの「憲法」を作った。

「子ども全員のことを好きでいること」

当たり前のように思えるかもしれないが、これを当時の僕は守れていなかった。この「憲法」を立ててから、僕は少しずつ変わることができていった気がする。クラス最後の日に涙を流せるかどうかが、成功のファクターではないかと、今は思う。

変わり始めることができた僕は、年度の最後の終学活のあとには涙を流せるようになっていった。そして、僕はたしかな何かを取り戻した感覚があった。それと同時にそれを二度と失いたくないという恐怖心にも似た何かが僕をとらえるようになった。

第2章

［行動力］

「発信」により、自分をアップデート

「SNS開始〜watcha! 始動」編

SNSの世界へ。「さる@小学校教師」誕生

スランプから脱却し、再び、仕事が面白くなってきた。しかし、2016年の1学期、大きな壁にぶつかる。教員の仕事において最もヘビーな仕事のひとつである成績処理をする時間がとれなかったのだ。

じつは僕の妻も同業なので、当然、成績処理のタイミングは同じ。でも、自分たちの子どもを保育園が閉まる時間までに迎えにいかないといけない。成績処理シーズンに夜9時ぐらいまで残業をするスタイルが染みついていた自分にとって、相当苦しかった。また、当時は仕事の優先順位をつける思考もなかったため、とくに重要でもない学校保健会の資料作成も並行していたので、さらなる重荷になっていた。

夜、わが子が寝てから仕事をスタートするわけだが、もう疲労困憊《こんぱい》のためまったく効率が上がらない。通知表の所見を考えるのに、「この子は何を書こうかなぁ」とパソコンを叩く手は止まってばかり。眠気に襲われて、カクンとなる。

そのときに思ったことは、忙しさの波がここで来ることがわかっているなら、その波をずらすことを前もってしておかないといけないということ。つまり、所見を学期末に書いてはいけないということだ。

何気ない書き込みが大炎上

それから1年。仕事への思考を変えはじめてから、勤務時間が劇的に短くなった。定時退勤も当たり前になってきた。

2017年の秋。「発信」を開始するきっかけがここで生まれる。Yahoo!ニュースで、「学校の働き方問題」についての記事が目に入る。そのコメント欄を見ると、多くのネガティブな意見があふれていた。そこに、僕は何の空気も読まずに、「いや、やり方次第で定時退勤できますよ」と書き込んだ。

すると、瞬く間に「青ポチ」が増えていった。ヤフコメ（Yahoo!ニュースのコメント欄の略）では、コメントに対する『イイね』の意味の「赤ポチ」と、『ダメね』の意味の「青ポチ」がある。そしてコメント欄にも、僕への批判のコメントが集中。「絶対嘘だ」「お前教師じゃないやろ」「仕事サボりすぎ」

おぉ、これが炎上ってやつかと少し戸惑う。ただ、ヤフコメで反論をしても仕方がない。何とか自分が得た学校の働き方に関する暗黙知を、形式知として世に発信しないといという、変な正義感が生まれる。働き方問題に揺れる今日の教育界において、僕の持っている情報には無限の価値があると、このとき直感していた。

そう、ここで、ツイッターを始めたのだ。アカウントだけは持っていたが、まったく使っていなかった。そこでプロフィールも教師であることを表すために「@小学校教師」とすることにした。名前はどうしよう。先にプロフ画を考えた。キャッチーでわかりやすいアイコン。ふと、頭にあるアイデアが浮かぶ。そうだ、ミスチルのシングル曲『シーソーゲーム』のジャケットに使われている、さるの絵を使おう（現在は変更）。さっそく、グーグル画像検索をして、スクショして切り取る。名前は決まった。

「さる@小学校教師」だ。

そして、テーマをひとつに絞った。「より少ない時間で、より良い教育を」を謳う「教育の生産性改革」だ。

学校をもっと、面白く

生産性向上に関する尖ったツイートを毎日コツコツしていくうちに、フォロワー数が増えていった。そこで運命の出会いをする。けテぶれ学習？　葛原祥太？　何やコイツ。明らかに若手にもかかわらず、独自の学習法を提唱しているド変態を発見してしまう。

きっかけは僕のツイートを引用リツイートして「それ！　ホンマそれ！」と強烈に共感してくれたことにある。そのツイートとは、「目的は学力向上なんだから、授業力向上よりも、そのための仕組みづくりのほうが大切じゃね」的な内容だった。

これをきっかけに相互フォローとなり、頻繁にやりとりをするようになる。そこにやのっちや、SUZU、ハチといった女性メンバーが加わってくれるようになる。

また、僕のなかで一目置いている存在のアカウントがあった。

若手小学校教員A（現在は違うアカウント名）だ。ツイート内容はキレッキレで神棚に飾りたくなるような本質をついたものから、便所に流すべきクソみたいなものまで取り揃えられており、かなり面白かった。僕と同じく、仕事の効率化に関する意識は高かったので、よく絡むようになる。

そして、おにぎりさん、T先生、せいめいさんともこのあたりで仲良くなりだす。

この頃、もう一人、S級のド変態との邂逅を果たすこととなる。U－teacherだ。彼とのファーストコンタクトは今でもはっきりと覚えている。

当時、後述するインバスケット学習というものにチャレンジしていて、それに関するツイートをしていた。それに対してUくんは「へぇ、インバスケットを取り入れている教師もいるのか。ツイッターも捨てたもんじゃないな」と、なめきった引用リツイートをされる。完全になめられている。

僕は直感的に気づいた。コイツは相当オモロイやつだ。彼とは後に何度もコラボをすることになる。

U君のミッション「ガッコーをもっと、おもしろく」

相変わらず、良いフレーズだ。

リアル世界へと行動を加速

この当時、ツイッターの教員界隈《かいわい》は、極めてネガティブな空気感に支配されていた。部活問題然り、労働問題然り。これらの問題提起はされて当然で必要なステップだった。しかし、明るい光も必要なはずだった。

学校をもっと、面白くしていこう。そんな思いが引力を生み出し、どんどんどんどんとポジティブな仲間が集まってきた。これは何かオモシロイことになっていくぞという予感があった。そして、その予感は的中することとなる。

●妄想が爆発的エネルギーを生む

2017年末。以前に葛原くんにDMをして、飲みにいこうと約束していた日がやってきた。阪急梅田駅のビッグマン前で待ち合わせた。

初めて会ったときの感想。

「意外と柔らかい」

今でこそ丸くなったが、当時の葛原くんのツイートはキレが半端なく、何となく怖そうな人という印象を持っていた。しかし、実際に会うとそんなことはなかった。なぜか餃子の店をチョイスされ、餃子を頬張りながらいろいろ語る。すごく心地よかった。お互い、日頃そういった未来の話をする相手がリアルにいないため、満たされている感覚があった。

僕らの身の振る舞い方が悪かったのは事実だが、二人とも職員室では浮いた存在であった。

正論ではあるが、時代性を考えなかったり、根回しスキルがなさすぎたりで、ハレーションを起こしてしまっていた。そして、ちょっとイジケていた。

「何か、こう、もっと面白くしていきたいよなぁ」そんな妄想をしていた。あとあと、この妄想が教育界に一石を投じることになる。ビジョン（妄想）にドライブされ、僕たちは行動を加速させていく。

こういうのをビジョン・ドリブンと呼ぶらしい。テスラのイーロン・マスクの「火星に人を移住させる」や、Ａｐｐｌｅのスティーブ・ジョブズの「宇宙に衝撃を与える」とか、よもや中二病的で抽象的な妄想だ。でも、ときにこの妄想が爆発的エネルギーを生むようだ。

帰り際、梅田駅で握手をして別れる。また機会があったら、と。

インバスケット授業へのチャレンジ

ある日曜日の昼下がり、書店で『インバスケット思考』(鳥原隆志・著、WAVE出版)という本を手に取り、読んでみた。著者である鳥原氏が初めて「インバスケット」を体験したときの次の一文を見て、これは学校での教育に応用できるという直感が働いた。

試験の制限時間を迎えたときには全身から汗がふき出し、いや脳からも汗が出ているかのように頭の回転が最高レベルで活性化したのを記憶しています(引用)

今は少し陳腐化したものの、この頃はアクティブ・ラーニングという言葉がもてはやされていた。いかにして子どもの思考を活性化させる授業をデザインするかについて議論されていたのだ。インバスケットとは、無茶な時間制限で、無茶な量の課題に取り組ませる手法のことを言う。いわば、火事場の馬鹿力を強制的に発動させる仕組みと言ってもいいだろう。

その日の夜、月曜日の社会の授業の内容を、自分なりに研究したインバスケット方式に大幅に変更してみた。そして翌朝、子どもたちに説明して、実際にインバスケット授業を実行。

スーパーの店長になりきり、4人のお客さんからのクレームにどう改善の約束をするかという返事を12分間で書くというものだ。すると期待通り、子どもたちの思考はマックスに働き、とても密度の濃い学習をすることができたのだ。着想から24時間後に実際に授業を実施し、子どもからのフィードバックを得ることにも成功した。

●PDCAは雑でもよいからとにかく高速でブン回せ

授業をした日の夜、勇気を持って著者である鳥原氏にダイレクトメッセージを送り、授業内容を一方的に説明した。するとすぐに返信があり、「お会いしましょう」

というスピーディな流れに。

その後、鳥原氏はインバスケット学習の勉強会を大阪や東京で開催したり、僕の授業にインバスケット研究所の方が視察に来たりと、ＰＤＣＡ（Ｐｌａｎ計画→Ｄｏ実行→Ｃｈｅｃｋ評価→Ａｃｔｉｏｎ改善）が激しく回転することとなった。また、授業の板書や展開をツイートしたところ、多くの反響を得た。


ただ、結果的にこのインバスケット授業は失敗に終わった。

けれど、このような実験段階の「プロトタイプ思考」の最大のメリットは、失敗したとしても、時間的・精神的なコストが最小に抑えられることだ。もし、僕が命をかけて毎日時間をかけて研究をしていたら、相当な心理的ショックを受けただろう。しかし、極めて短時間で、良い意味で雑に作ったプロダクトだったため、ダメージは少なかった。

あと、このときに得たこれからの知的生産の在り方を次にお伝えしたいと思う。

世は大修正時代へ

マンガ『ワンピース』っぽい、見出しをつけてみた。

少し前までの時代は、８割までの完成度に一人の作業、力で持っていき、残りをチーム（複数）で微調整を加えるという知的生産の方法が主流だった（完成主義）。

しかし、インターネットの発達により、オープンで双方向なコミュニケーション環境が整った今日であれば、２割くらいの完成度のプロトタイプを世に出し、市場のフィードバックを得て、チームで修正しながら何かを作り上げるほうが、質も速さも勝る時代となった（修正主義）。

事実、僕の「教育の生産性向上」の実践はツイッターやブログでしきりに世に出し、多くの方からさまざまなアイデアをいただきながら、高速で修正していったものだ。

職人のように、山奥にこもって一人で孤独に作品を作り上げるよりも、町のベンチに腰かけて、仲間の脳と連結してワイワイやりながら作り上げるほうが、より現代的だと思う。そして、そこにはストーリーという、ひとつの付加価値も生まれる。この面白さに関しては、後ほど詳しく触れることにする。

アウトプットという成長ブースター

ツイッターを始めて3か月。教育の生産性を上げる実践法についてのツイートをくり返すうちに、フォロワー数は1000人を超えた。それと同時に、140文字でのアウトプットに限界を感じていた。そこで、ブログ『生産性を上げて5時に帰る』を始める（現在は閉鎖）。

スタート時は、教育の生産性を上げるための記事を2週間ほど毎日書いた。これがかなりの反響を呼んで、読者も瞬く間に増えていった。

ここで気づいたことは、ツイッターでつぶやく、ブログで文章を書くという「アウトプット」は、自身の成長を促すブースターになるということ。現場での実践を言語化し、外へと発信することで、適度な緊張感が生まれ、成長は加速していく。そんな感覚をこのときに覚えた。そして、より質の良いアウトプットを求めて、僕はさらに貪欲にインプットをし、編集する作業をくり返していった。

ここで、自己成長のキーとなる読書について考えたい。読書というと本を読むことだと思いがちだが、僕は、これは半分は正解で、もう半分は不正解だと考えている。

なぜなら、「知識獲得」というインプットに対して、「実践」というアウトプットが対となり、初めて成長サイクルが一回転するからだ。そして、そのインプット⇅アウトプットという基本ユニットに「発信」というブースターを追装備することで、その成長速度は確実に高まっていく。

精神科医でありマルチな活躍をしている樺沢紫苑《かばさわしおん》氏は、著書『アウトプット大全』(サンクチュアリ出版)において、成長のための最適比率はアウトプット：インプット＝7：3だと主張している。

この数字を聞いて、「そんなにアウトプットの比率を上げるの？」というのが率直な気持ちではないだろうか。僕も、この本を読むまではアウトプット：インプット＝1：9ぐらいが適切だと思い込んでいた。

僕自身、発信を含めたアウトプットをするようになってから、インプットの質・量がともに高まり、それが成長へとつながったと感じる。

発信を始める前から、ビジネス書が中心ではあったが、比較的多くの本を読むタイプではあった。そこで得た知識を抽象化し、学校現場で実践するという形でアウトプットしていたものの、あくまでも教室というクローズドな世界にとどまっていた。

しかし、そこからツイッターやブログといったネット世界というオープンな世界に発信を始めた途端、一気に面白くなってきた。具体的に言うと、ツイッターで発信したことに対して、「イイね」やリツイートという形でフィードバックが得られ、これがよい反応だと嬉しくなる。そうすると、さらに質の高い発信をしようと、インプット⇅アウトプットのサイクルをもっと回そうというモチベーションが生まれる。

この極めてシンプルな動機づけによって、成長サイクルの回転速度はたしかに高まっていくのだ。

もちろん、発信には一定のリスクもついてくる。ちょくちょく炎上したり、誹謗中傷の石を投げられたりもする。しかし、それ以上のリターンがあるとみなさんが判断するなら、発信という「ブースター装着オプション」を選ぶことをおすすめする。

偉いやつは一人もいない「watcha!」始動

さて、２０１８年2月に運命の連絡が入る。せいめいさんからだ。

「3月にセミナーを開きませんか？　講師はU先生と、葛原先生と、さる先生」

速攻で「やる」ということが決まった。さて、ここからが大変。せいめいさんはセミナー開催なんてしたことないし、僕らもセミナー講師なんてやったこともない。そう、全員がセミナー童貞だ。そんなウブで純白な僕たちに本当にそんなことができるのか。そして人が集まるのか。見ず知らずのツイッターの教員の話なんて誰が聞きに来るねんと。

じつを言うと、この時期が一番面白かった。ゼロイチで新たな何かを生み出すという喜びに満ちあふれていた。一体何が必要なのか、さっぱりわからない。とりあえず30人が座れる会場は押さえた。セミナー名は何にする？　そもそもこれはセミナーなのか？　だって偉いやつは一人もいない。おいおい、そんなのに誰が興味あるんだ？

疑心暗鬼のなか、参加者の募集が始まった。ここで驚く結果が出る。ものの数時間で50人を超え、翌日には100人に達した。

30人を切った場合、埼玉から来るUくんの交通費が出せないため、新幹線代の代わりにアイスのパピコで支給するという案は、ここで消えた。

トップダウン型ではなくボトムアップ型セミナーを

そして迎えた3月。「watcha!(わっちゃ)」だ。

このセミナー名に込めた思いはシンプルで、「わちゃわちゃと教育について語ろう」というものだった。

旧来のセミナーは、偉い先生が講師として参加者に話すトップダウン型である。しかし、当時の僕たちは、ツイッターではちょびっと有名だったが、世間的には何の実績もない無名の存在だった。そんな普通の先生が、普通の先生に対して自分たちのメッセージを届ける。そんなフラットな立場でのボトムアップ型セミナーで在りたいと願っていた。少し古い例になるが、『学校へ行こう!』というテレビ番組の人気コーナーの「未成年の主張」と似ているのかもしれない。

当日の朝、100人を超える方が京都テルサへと集結した。それも全国からだ。多くのスタッフにも恵まれた。ハチは僕らの入場時に、バイオリンで葉加瀬太郎のエトピリカの生演奏をした。僕の思いつきを実現してくれたのだ。

子育てママが気軽に参加できるよう託児コーナーを設置するという流れはここででき た。セミナー中は、おもちゃの音や子どもたちの楽しそうな声が聞こえていた。脇にはたくさんのお菓子が。どれも参加者が持ち寄ったご当地のお土産だ。

Uくんは「学級経営」、葛原くんは「けテぶれ（76ページ）」、僕は「教育の生産性」について話した。僕はこういった場でマイクを握ること自体が初めてで、死ぬほど緊張した。脇汗を2リットルはかいただろう。

「ｗａｔｃｈａ！」は大盛況のうちに幕を下ろした。この時点では、これから各地で「ｗａｔｃｈａ！」が続々と開かれるとは思ってもいなかった。ちなみにこの日は、『月間教職課程』の当時の編集長である杉浦知樹さんが取材に来てくださっていたので、後に記事になる。1ページぐらいかなと思っていたら、何とデカデカと写真も入った9ページの特集だった。ここで、僕の匿名性は完全に失われる。

ちなみに、「ｗａｔｃｈａ！」の告知のために僕たちは1分半ほどの動画を作った。そこのあるメッセージが、今後の大きな柱となっていく。

「偉いはやつは一人もいない」

4人でチェックしていたにもかかわらず誤字があり、本当は「偉いやつは一人もいない」だ。

ここに込めたメッセージは、偉い人によるトップダウン型セミナーではなく、僕らのような偉くない人たちによるボトムアップ型セミナーの提案だったのだ。

生産性を上げる「エッセンシャル思考」

この「ｗａｔｃｈａ！」で話した、教育の生産性を上げるためのマインドセットの変え方についても簡単に触れたいと思う。

僕がしきりに周りに薦める本がある。『エッセンシャル思考』（かんき出版）だ。これは著者のグレッグ・マキューン氏の提唱するマインドで、今の学校現場に決定的に欠落している点を見事に補完するものだと感じている。

エッセンシャル思考と非エッセンシャル思考の違い

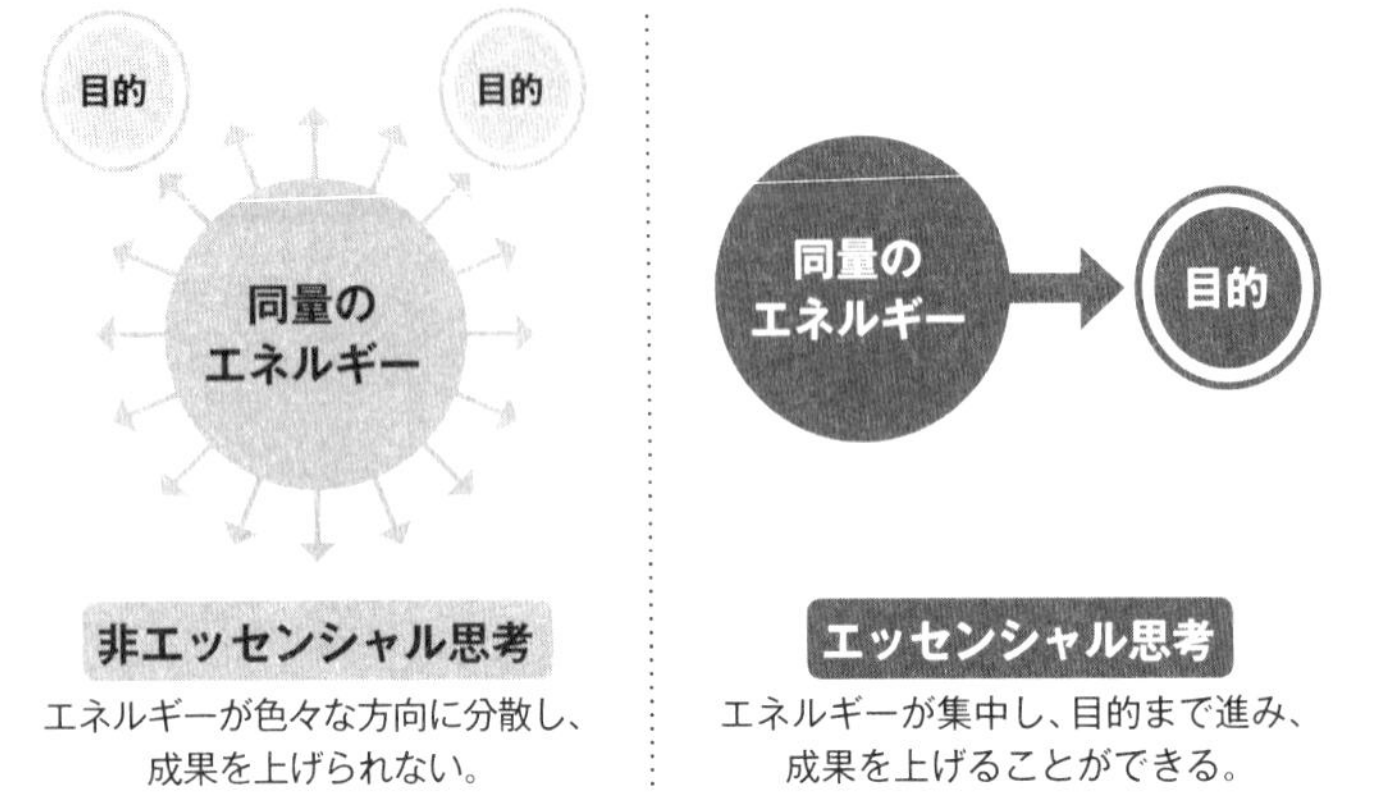
目的
目的
同量のエネルギー
非エッセンシャル思考
エネルギーが色々な方向に分散し、成果を上げられない。
同量のエネルギー
目的
エッセンシャル思考
エネルギーが集中し、目的まで進み、成果を上げることができる。

学校現場では「教師たるもの、子どものためなら時間を惜しまず何事も全力で取り組むべきだ」という美徳が存在している。その結果、成果を顧みず無限に働き続けるスタイルが染みついてしまっているのだと思う。

そのような非生産的な思考から脱却し、子どもを成長させるという目的意識の下、確実に成果を出すというアプローチをとっていくことが、必要不可欠なのだ。

ありとあらゆるなんちゃら教育に力を分散させるのではなく、たしかな結果をもたらす教育を選ぶことを選択し、成果を最大化していこうという主張がエッセンシャル思考である。

〝背伸び〟をして広がる世界

どうやら、背伸びをした分、かかとは伸びるらしい。

どういうことかというと、多少無理をしてでも高い木の実を取ろうと背伸びしてチャレンジすることで、かかとがニョキッと伸びて、いつの間にかそれが自分の実力となっているということだ。

「ｗａｔｃｈａ！」での講演は、明らかに自分にとって分不相応なチャレンジだった。話し方も下手クソだし、話す内容も整理されておらず、極めて「粗い」ものだった。でも、ひとつだけ言えることは、もしビビってそのチャレンジを断っていた自分と、断らずにいた自分とを比べた場合、確実に後者のほうが成長したということ。

地に足をしっかりとつければ自分の力の１００％を堅実に発揮できるかもしれないが、その１００％の限界を超えることはできないだろう。しかし、少し背伸びをして無茶な目標にチャレンジしたとき、本来の力の120％を発揮できる可能性が生まれると感じている。もちろん、失敗して少しカッコ悪い思いをすることも覚悟しなければならない。しかし、恥はかき捨て。そこに大きな成長というリターンがあるなら、それは小さなリスクでしかない。

もし、むずかしいチャレンジを目の前にして迷っているときは、ぜひチャレンジするほうを選んでほしいと思う。背伸びをした分、かかとは必ず伸びてくる。

●世論をカジュアルに変えていける時代

同時期、ツイッターで少しやりとりをしていた陰山英男先生からお誘いを受ける。「一度、話をしましょう」ということだった。陰山先生の事務所でもある「陰山ラボ」は同じ京都だったので、すぐにお会いすることができた。そして、そのあと近くの居酒屋で3時間ぐらいお酒を飲みながらお話をする。

なぜ、陰山先生が僕らのことを支持してくださるのか、このときよくわかった。そう、陰山先生も僕らと同じく、ド変態なんだということを。ネットがない時代に、独力で世に訴え、潮流を変えた先生だ。それも、かなりのパワープレイで。

そう考えると、ネットがある現代は世論をカジュアルに変えていくことができる時代だ。

「教育実践」の民主化

この頃、『フォレスタネット』という教育情報サイトの方から、コラムの掲載をしてほしいとオファーを受ける。僕にとって初めて、お金の発生する「複業」（126ページ参照）をすることとなる。半年間の掲載で3万円という報酬だった。今思えば、この経験が自分自身の価値観を大きく変えることになった。

現場においてさまざまな実践を積み重ね、そのことについて発信する。その情報が一定の価値を得て、獲得した信用がマネタイズされるということが目の前で起こったのだ。キングコング・西野亮廣氏の『魔法のコンパス』（主婦と生活社）などを読んでいた自分にとって、本の中の話だと思っていたことが、現実となった。これには興奮を覚えた。ここでひとつの気づきを得ることとなる。これは、ある歴史的事象と本質的に同じであるということに。

14世紀、ドイツのグーテンベルクが活版印刷を発明した（諸説あり）。それにより、印刷コストが下がり、書物が市井の人々にも流通するようになり、識字率が上がったり、宗教革命のきっかけとなったりするなど世界を大きく変えることとなる。それまでは限られた権力者が独占していた情報がオープンになった途端、そのイノベーションが炸裂したのだ。

今、これとまったく同じようなことが、教育界で起こりつつある。「教育実践」の情報を作る側はいつも限られた教員だった。書店の教育書コーナーを見てもわかるように、同じ著者の本が並んでいるのが常だった。

しかし、インターネットの発展に伴い、いわゆる普通の教員が、教育実践を発信する土壌ができたのだ。ツイッターやインスタグラムといったＳＮＳ。ｎｏｔｅやブログ、そしてフォレスタネットといった教育専門のプラットフォームも存在している。

誰もがプレイヤーとなれるこの時代は、蓄積された経験よりも、思考センスや行動速度の高い人が自己成長を遂げつつ、周りをダイナミックに変える存在になってきている。これは、教育界における大きなイノベーションだ。

「watcha! TOKYO」の成功と次なる未来

その年の５月、新たなキーマンから連絡が入る。〝ふたせん〟からだ。

彼は今、プロデューサー的立ち位置として、僕らと一緒に活動してくれている人物だ。「夏に、東京でｗａｔｃｈａ！　をやりませんか？」というオファーだ。もちろん、即快諾。かくして２０１８年の夏休み初日に、「ｗａｔｃｈａ！ＴＯＫＹＯ」が開催されることとなる。今回は７人の仲間がスピーカーとして前に立った。

この「ｗａｔｃｈａ！ＴＯＫＹＯ」で、僕は「教員の再魅力化」をテーマに話をした。もともとは京都と同じ「教育の生産性」をテーマにしようとしていたが、ちょっと事情が変わってきてしまった。それは、教員志望者の減少だ。

開催の１か月ぐらい前に、ショッキングな数字がニュースに上がった。それは「新潟県の教員採用試験の倍率が1倍台になった」というものだ。

これはまずい。非常にまずい。僕はそう感じた。前職で人手不足が致命的なマイナスをもたらすことを痛いほどわかっていたからだ。


過去、教員は魅力的な職とされていた。しかし、それが今、根底から覆されている。だからこそ、もう一度魅力ある職にしていこうというのが、僕の提案だった。この「教員の再魅力化」に関する詳細は、4章で述べるので、ここではポイントを挙げるだけにしよう。教員の再魅力化に必要なのは、次の2つである。

①自らの生産性を上げ、労働時間を適正化していく
②教師のパラレルキャリア化を進めていく

大切なことは、僕たち「ふつうの教師」が発信していくこと。それが教育界に蔓延するダークな空気を霧散させていくはずだ。

今回は200名を超す人が集まり、大成功と言える内容で幕を閉じた。そして極めて多様性に富むコンテンツでいっぱいになった。『ｗａｔｃｈａ！ＴＩＭＥ』という時間では、メインスピーカー以外のメンバーの多くがブースを出し、教育実践の提案をした。「理科のおもしろ実験教室」「筋トレコーナー」「イラスト講座」などだ。「ｗａｔｃｈａ！」には、教育表現の自由が爆発する空間があった。

●宗教性、閉鎖性、排他性を追放する

しかし、その後、批判的な声が上がり始める。「宗教みたいだ」「素人ばかりで盛り上がっている」という意見だ。

ひと言だけ言っておくと、僕らのなかでは示し合わせたわけでもないのに、何となくひとつのルールができていた。それは「僕たちに寄せられた批判的な意見も全て受け入れる」ということだ。これが守られていないと、排他的なコミュニティとなってしまう。

しかし、しばらくしても批判的な声は消えなかったので、僕は次のことをブログで発信した。メンバーに相談したわけでもなかったが、これが今後の「ｗａｔｃｈａ！」の基準となっていく。

1　オープンソース

ゲリラ的に開催されるフェスであり、団体ではない。事務局も代表も存在しない。いつどこで誰がやっても、何をテーマにしてもよいオープンソースである。そこに、学校を面白くしていこうという目的さえ存在していれば。

2　無宗教、無排他、無強制

宗教性を排除したニュートラルな場とし、否定する人を否定して排他せず、そして肯定することも強制しない。全ては参加する人の自由。話したい人が勝手にしゃべって、聞きたい人が勝手に聞けばいい。

結局、ＳＮＳは０と１の記号のやりとりでしかない。そこに熱量は乗るっちゃ乗るけど、やっぱり実際にヒトとヒトが直接出会って話すそれには到底敵《かな》わない。熱量をヒトからヒトへ手渡しする空間。それが「ｗａｔｃｈａ！」の意義なのだと考える。

子どもがハッピーになること、教師がハッピーになること。そのための手段として機能してくれれば、それでいいのではないだろうか。

公教育からエゴを撤廃する作業へ

2018年11月、京都大学で「関西教育フォーラム2018」が開催された。陰山先生からお誘いを受け、パネラー登壇をすることになる。

登壇者は陰山先生、『ビリギャル』の坪田先生、4人の子どもを東大に入学させた佐藤ママさん、そして元文科省副長官の鈴木寛氏。あと、僕。人数はスタッフ込みで600人。何てったって、規模が段違い。このとき、絶対にしないと決めていたことがひとつある。それは、「僕みたいなのが……」と前置きをして、保険をかけることだ。それは、自分の最大スペックのリミッターをかけることになるからだ。

僕が提案したのは、「教育のティール化」。ティールとは今日の組織論の最適解と呼ばれるモデルのひとつ。存在目的にヒモづけられた個が、それぞれの強みを最大化しながら、一人一人が自主経営する組織の在り方だ。教室というミクロ的なものから、

進化型（ティール）学級
個と組織の成長が最大化され、真の自立心が育つ

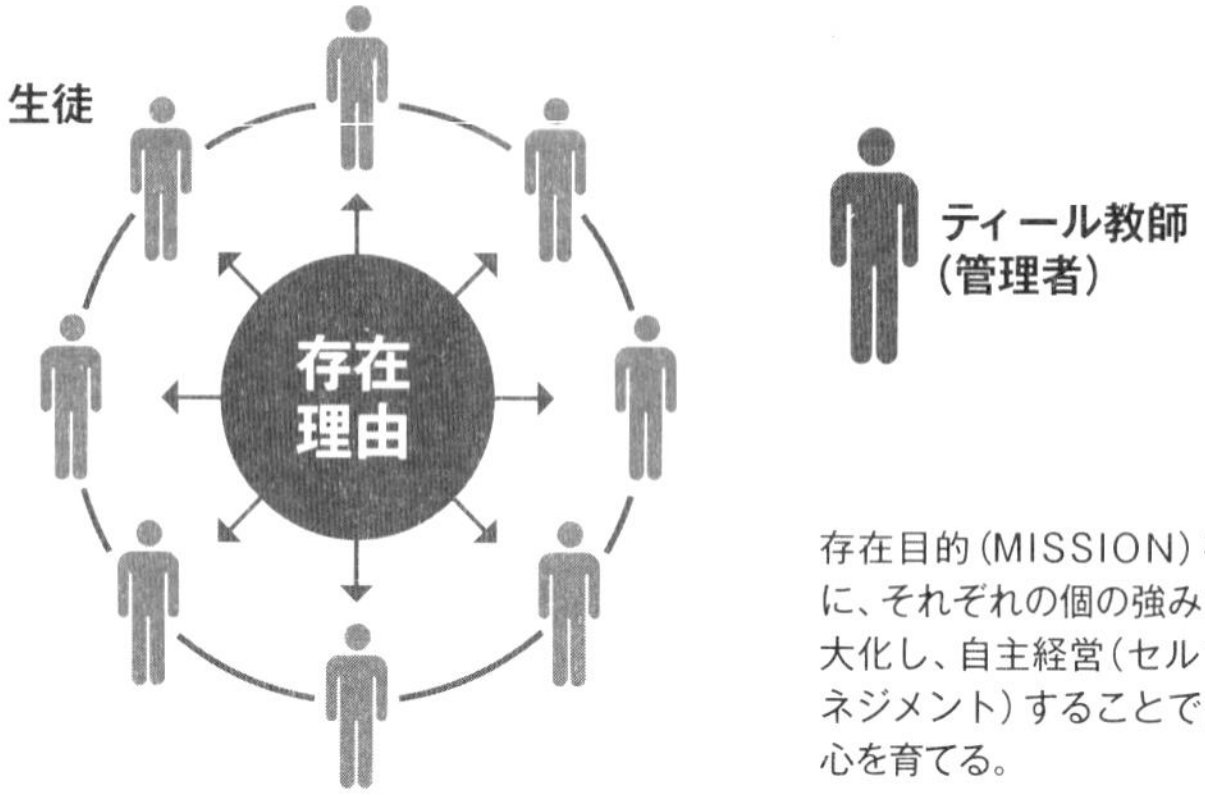

存在目的（MISSION）を元に、それぞれの個の強みを最大化し、自主経営（セルフマネジメント）することで自立心を育てる。

自治体レベルのマクロ的な組織にまで適用可能な考え方である。

「教育のティール化」のためには教育界のシステムの改変ももちろん必要だが、ティールという哲学を一人一人がインストールすることは今この瞬間でもできる。現在の公立学校のほとんどは哲学が存在していない。だから、みんなバラバラになって、互いを批判し合うような無駄も生じている。「そういうエゴを捨て去りませんか」という提案だった。

このとき、葛原くんにも登場してもらった（76ページ参照）。彼は結果として高度にティール化されたクラスをつくっていたからだ。

ROJEのメンバーからエンパワメント

関西教育フォーラムで大きく感動したことがある。この写真を見てほしい。

フォーラム前、ROJE（NPO法人日本教育再興連盟）のスタッフの学生たちが、円陣を組んでいる。そう、教育に貢献したいとこんなにも多くの若者が動いてくれているんだ。

この写真を前日に見たとき、目頭が熱くなった。現場で大変なこともいろいろある。でもこうやって、教育の未来を良くしようと貴重な時間を投入してくれている学生たちがいる。

現場の僕たちは、頑張らないといけない。そう改めて思い、ものすごくエンパワメントされたことを覚えている。

葛原先生より寄稿

〝学び〟をコントロール

葛原祥太（くずはら・しょうた）
兵庫県公立小学校教諭。「けテぶれ」学習をはじめとした教育実践を展開。著書『「けテぶれ」宿題革命！』

僕が授業中に子どもに話す時間は平均して大体5～10分程度です。1日に黒板に書く文字数も平均すると20字ほどでしょうか。ということは、授業時間中、子どもたちがクラスメイトと対話したり一人で思考を深めたりする時間が毎授業30分以上あるということです。

授業時間も、教室という空間にあるものも全て、学び手のために存在しています。つまり、子どもたちのものなのです。僕はその時間と空間を子どもたち一人一人が最も有効に使えるように、サポートする役割として存在しているというイメージです。

教科書に載っている知識や技能は一般的な小学生が獲得できるレベルに設定されています。小学生同士が力を合わせれば、自分たちで獲得可能なレベルなのです。では、そのレベルの知識や技能を教師が与える意味はあるのでしょうか。逆に、未知の知識を仲間とともに獲得できたとき（もしくはその知識や技能が獲得しきれなかったとき)、教科書以上の学びがそこにあるのではないでしょうか? 僕が目指す教室はそんな教室です。

そうは言っても、ただ子どもたちに時間と空間を手渡すだけではそのリソースをうまく活用することはできません。学習の内容は子どもの力でつかみ取れますが、学習の方法は指導者が伝えてやらねばなりません。教師は、「学び方」を教える必要があると思うのです。


そこで僕は「学ぶ」という行為を「自分の外側に在る知識や技能を自分の内側に定着させる行為」と定義し、その行為は「計画、テスト、分析、練習という4過程をくり返すサイクルである」としました。その頭文字をとって「け・テ・ぶ・れ」というキーワードで子どもたちと共有しています。

こうすることによって子どもたちは自らの学びを段階的にとらえ、自分の力で進められるようになります。自分で「学び」をコントロールする勉強法は子どもたちにとって新鮮で、充実感があり、とても楽しそうに「自分なりの学び方」を探求しながら、学びを積み上げる姿が見られています。

イノベーションの外縁を広げる

２０１８年12月。富山で精力的に活動されている大ベテラン教員、能澤英樹先生よりお誘いを受け、葛原くんと富山の青年会で講演をすることになる。今までとはまったく異質だったのが僕ら二人のステージだ。これまでは、私的な場といった雰囲気でのスピーチだったのが、一気にパブリックな空気感になった。なんといっても、聞き手の９割の人が僕たちのことを知らないという、アウェイ感があった。ある意味、不安だらけだった。

でも、ツイッター内ではなく、別の世界に自分たちの意見を訴えることの重要性を再認識した。そこでも僕らは変わらず、「けテぶれ」や「教育の生産性」に関する話をした。事前知識がなかった参加者の人たちにとっては、センセーショナルな内容だったらしい。「こんな考え方を持ち、実践している先生がいたんだ」といった感想をいただいた。あとの懇親会では富山や新潟の先生方とものすごく熱く語り合った。この場でも熱量はたしかに高まった。僕らのイノベーションの外縁は少しずつだが、着実に広がっていると感じた日だった。

その後も、ありがたいことに、結構な頻度でスピーカーとしてのオファーをいただいている。僕があちこちへ出向き、多くの方に話をすることで、教師のマインドセットが少しずつ書き換えられていくのならば、やりたい。しかし、時間は限られており、なかなかあちこちへ出向いていくことができず、オファーのほとんどをお断りしているのが現状だ。

●『みんなのオンライン職員室』スタート

じゃあどうするか。オンラインでの活動を進めていく。そのためのプラットフォームとして『みんなのオンライン職員室』というサービスをスタートさせた。

これは教育コンサルタントの杉山史哲さんの会社が運営するもので、2019年末の時点で300人のユーザー数を目指す取り組みだ。文字を介したコミュニケーションは、効率がよくない。

そこで、Ｚｏｏｍという遠隔会議ソフトを使って複数人でリアルタイムに顔を合わせて学び合ったり、双方向対話可能な講義などのコンテンツを拡充させている。現在、教育哲学者の苫野一徳さん、風越学園理事長の岩瀬直樹さん、オランダの教育研究家のリヒテルズ直子さんといった方々の講演をネットで受講し、参加者同士で交流をするという場ができつつある。僕もスピーカーの一人として、「働き方」の講座を持っている。また、適正人数での親密な学びのコミュニティを作り、教材研究などが行える環境も計画中だ。

ぜひ、このプロジェクトの存在をみなさんの職場や自治体のキーマンに紹介してほしい。

『みんなのオンライン職員室』QRコード

https://minnano.online/

第3章

［変革］

ビジネスマインドを「教育」に取り入れる

「現在」編

「そもそもそれは正しい?」から考える

発信を重ねるうちに、大切な視点に気づく。それは「ゼロベース思考」だ。現場の問題を特定し、それを打破するためには、まずは疑いを持つことが大切だ。

プロ野球チーム・読売ジャイアンツで活躍した名投手、桑田真澄氏。高校時代は１年生からエースとして甲子園を沸かし、プロ入りしてからは20年間で１７３勝を積み上げた。野球選手として非凡な才能を持ち合わせていたことに疑いの余地はないだろう。しかし、それ以上に、桑田氏の圧倒的な思考の柔らかさが成功の要因だったのではないかと僕は感じている。

まず、野球と教育の世界は、本質的に似ているところがあるように思う。それは過去を踏襲することを思考停止で重んじていたり、量的な努力を美徳としたりする点だ。こういった世界観のなかでは、「疑う」という行為が忌避されがち。純粋で素直で疑いなく過去を正確にコピーする者が評価を受け、「疑い」を持つ者は異端児扱いを受けるといったシーンは多くみられる。

その結果、非合理的な方法が永遠にコピーされ続け、進化が停滞するという事態に陥っているように思える。野球も学校も、昭和スタイルが今もマジョリティだ。量的で管理的な練習や勉強。これらの指導法は、その共通項だと言えるのではないか。

積み上げたものをぶっ壊して、ゼロから問う

そんななか、桑田氏は高校時代から当時の練習の在り方に「疑い」を持ち、試行錯誤を続けて自身で修正をしていたという。野球の基本とされる素振り。1日500回、1000回と素振りをすることが素晴らしいとされており、大なり小なりこれは現在進行形の話であると思う。桑田氏は、これに疑いを持つ。

人間は500回も1000回も全力では振れないもの。もしそんなに振るとすれば、手抜きをせざるをえない。つまり脳や身体が手抜きを覚えてしまうのだ。

（『心の野球　超効率的努力のススメ』桑田真澄・著、幻冬舎）

そこで桑田氏はある方法を選択する。それは試合を想定した真剣な1日50回の素振り。それがすべての理由ではないにしろ、事実、投手でありながら、甲子園で6本ものホームランを打つという結果を残している。

これは、桑田氏の「そもそも、それは正しいのか？」という疑いを持つことからスタートしたもの。これが「ゼロベース思考」と呼ばれるものだ。

人気音楽ユニット・スキマスイッチの歌詞を少しお借りしてシンプルに表現すると、「積み上げたもの　ぶっ壊して　ゼロから問いただす」思考。

もちろん先人が積み上げてきたものに対するリスペクトは大切で、僕自身も重んじている。しかし、だからといってそれに疑いを持つことをタブー視するようになると、進化は停滞していく。

ただし、闇雲に全てを疑っていてはキリがない。ゼロベース思考をインストールするコツはとてもシンプルで、何か仕事をしていて、「もっと……こう……あるだろ？」と、非効率さに苛立ちを覚えたときに、「疑い」を発動するのだ。事実、僕が発信してきたコンテンツも、ゼロベース思考の結果であるものが多い。

◎疑い……放課後にテストの採点するのって何か面倒くさくない？
↓
授業中の45分間で、テストの採点・転記・返却・直しまでを終わらせる「テスト最強メソッド」を考案（第2部13ページ参照）

◎疑い……学期末に所見を全て書くのって、しんどすぎない？
↓
その日にほめたことを毎日記録し、タイムリーに所見を書いていく「アーリー・ショケナー」を考案（第2部11ページ参照）

少し前までは、旧来からのやり方に疑いを持つことはタブー視されていた。しかし、令和となった今日、そのタブーの魔法陣は弱まりを見せているように感じる。全国の教員がゼロベース思考を働かせて、それぞれの現場でアクションを起こしていくことでイノベーションは生まれるはずだ。

自分を複眼的に見てみる

発信者という立場になり、ある程度知名度が上がってくると、大なり小なり「アンチ」と呼ばれる人たちがつくようになる。僕もそれらの人たちにつつかれて、ちょっとした炎上を起こしたことは一度や二度ではない。ここで気をつけるべきことがひとつ。それは、とにかく自分を否定する人を遠ざけようとしないこと。自分を不快にする脅威を排除しようとするのは、生き物の持つ習性のように感じる。これは本能とも言えるアクションのため、意識的に排除しないといけない。

目的は、「エコーチャンバー現象」に陥らないようにするためだ。エコーチャンバー現象とは、閉鎖的なコミュニティにおいて、客観的に見れば偏った考え方でも、その中ではあたかも絶対的に正しいものであると思い込んでしまうことを指す。だからこそ、アンチと呼ばれる人たちからの「否定」や「非難」は、僕にとってエコーチャンバー現象を解除するための処方箋のようなものだ。具体的に言うと、「ｗａｔｃｈ a！」の盛り上がりへの非難だ。僕たちが正しいと信じ、とってきた行動を否定されることは、もちろん悔しくもあるが、外からどう見られているかを知るチャンスでもあった。だから、違う立場の人の声から、自分を複眼的に見ることで、行動を改善していくことができるようになってきた。

ちなみに、ツイッターで僕はアンチと呼ばれる人たちのアカウントを、リスト機能を使って一括表示できるようにしている。非公開で設定すれば、相手には登録されていることがわからないのでオススメの方法だ。数タップで自分や自分たちに対する否定の言葉を集めることができる。１００の「イイね」より、１の「ダメね」に価値が宿ることもあるのだ。

サンクコストの呪縛に囚われない

サンクコストという言葉をご存じだろうか。既に回収不可能なコストのことを指す。簡単に言うと、「こんなに時間やお金を使ったのにやめるなんてもったいない」というケチなマインドのことだ。しかし、見込みがなかったり、リスクが伴うにもかかわらず、もったいない精神からコストを投下し続けることはやめたほうがいい。

ツイッターのようなオープンな場では扱いづらい内容について話し合う機会を設けたことがある。『教育の生産性サロン』というFacebook上のクローズドなコミュニティだ。開設から24時間で100人を超える方が参加してくれた。しかし、ここで大きな失敗をする。具体的なことは省くが、ここで知り得た情報は口外しないというルールをある人が破ったことにより、別の参加者の一人がリアル世界で不利益を被ることになった。

本来、「サロン」と銘打つからには月額参加料を取るべきなのだが、公務員という特性上それはできない。結果として、参加を申請し、管理人が承認した人は自由に見ることができる状態になっていた。これではサロンではなく、ただの掲示板だ。参加条件に、リアルで僕と面識がある人といった条件を設けていればこのトラブルは防げたはずだった。

そこそこの参加人数と情報量をストックした同サロンであったが、そのトラブルが発覚した瞬間、僕は閉鎖することを決めた。これまでに投下した労力をもったいないと思って、リスクを抱えたまま運営することは、大局的に見ればマイナスに働くと判断したからだ。

「教員免許更新制度」の弊害

しかし、教育界においてはこのサンクコストは厄介な代物で、多くの弊害を招いている。その最たる例が、「教員免許更新制度」ではないだろうか。制度設計のために多くの時間と予算を費やしたこの制度は、明らかに失敗だったにもかかわらず、未だに撤廃されない。この制度によるメリットはまったくといっていいほど聞かない。それに対して、忙しいなか自腹で大学に行って更新しないといけないといった声や、免許失効により講師の成り手が不足しているといった声はよく耳にする。

文科省は、即刻この制度を廃止すべきだ。企業なら、とっくにやっている。コンビニ業界はコーヒーの大成功に味をしめ、2匹目のドジョウを狙って、ドーナツ販売の棚を設置した。しかし、これが見事に大スベリした。ここでコンビニ業界は一気に棚を引き上げた。サンクコストに囚われない、鮮やかな引き方だったと感じている。コンビニドーナツ以上にスベっているこの制度を引き上げる人が文科省に現れたら、その人はヒーローになるだろう。

全部やろうはバカやろう

2018年の秋、これまでの発信が評価され、学陽書房から依頼を受けて初の単著を出版することが決定した。これは、エポックメイキングなことだ。なぜなら、通常は現場で評価を受け、その信用で出版社からオファーが来るという流れで、世の中に教育書というものがリリースされていく。しかし、その点において僕はまったくの異端だった。そもそも、僕がゼロから創り出してきたものは、おそらく教育実践と呼ぶことはできない。表面的な見方をすれば、ただの「時短術」と映るだろう。だから、現場での評価を受けづらいし、教育界で教科指導等を専門にしている先生からもバカにされる。

しかし、結果として僕の発信によって救われた先生が多くいたことは事実だ。本当に多くの方から感謝の気持ちを伝えられた。地獄のような残業生活から脱出した先生

疲労困憊・睡眠不足では 教育の理想は実現できない

マズローの欲求5段階説

人間の欲求を右の5つに分類し、下から順に欲求が満たされていかないと一番上の「自己実現」には到達できないとする考え。

は、希望や熱意を取り戻し、エネルギーを教育へ注ぐことができるようになる。これは心の扉のカギを外す作業だったのだ。

国語が大事だ、算数が大事だ、道徳が大事だと、正論をその人の心の扉にぶつけても、開けることはできない。なぜなら、「それどころではない」という心理的な鍵がかかっているからだ。これは心理学者、アブラハム・マズローの5段階欲求の底部である、生理的欲求や安全欲求が満たされていないがゆえに、教育の本質的ゴールである「子どもを幸せにする」という自己実現欲求に到達できない状態だと言える。

今しんどくてどうしようもなくて、心の扉を閉じてカギをかけてしまっている先生がたくさんいる。彼らを救い出すためには正論でドアを蹴破ろうとするのではなく、労働環境を良くすることで、カギを開けてもらわないといけない。

そしてそのカギを開けるのが、「全部やろうはバカやろう」の考えだ。「教育の生産性を上げ、子どもも教師もハッピーに」という僕の掲げるミッションをクリアするための一冊を世に出すことで、日本の教育を少しだけ前に進めることができるかもしれない。そんなバカげたことを大真面目に僕は考え、筆を走らせた。

本にストーリーを宿す

基本的に、執筆という作業は孤独だ。一人でパソコンに向き合い、カタカタカタカタカタと思考を言語化していく。しかし、先述の通り、一人で完成させるよりも、みんなで修正をかけながら作るほうが早いし、強い。だから、不完全な原稿をツイッターで公開し、フィードバックを得ながら楽しくやることにした。

通常、この過程を見せることはメイキングと呼ばれるものだ。映画やミュージックビデオなんかでよく目にすると思う。これらはクリエイターからの一方通行のメイキングだ。それに対して、僕がやっていたことは、双方向のメイキング。すなわちフォロワーの方からのフィードバックを元に、内容も修正していった。そうすることで、みんなの知恵が少しずつ織り込まれていき、本にストーリーが宿っていく。

この効果は大きかった。これは無名時代から応援していたアイドルが有名になっていくファンの心情と似ているのかもしれない。要するに、そこにさまざまな紆余曲折を経たストーリーが存在しているとき、フォロワーの方たちが応援団となって力強く後押ししてくれる。僕一人の力なんてちっぽけなものだったが、多くの仲間の援護射撃によってたしかな結果を残すことができた。仲間たちには言葉では言い尽くせないほどの感謝の気持ちでいっぱいだ。

ネットとは別の世界に情報を届ける

発売日から、多くの方が僕の本を画像付きでツイートしてくれた。僕はそれをひとつ残らずリツイートする。本の表紙でタイムラインが埋め尽くされていった。当初は、僕のよく知る仲間のものだったが、次第にこれまでやりとりのまったくなかった人たちのツイートが目立つようになる。

ツイッターのフォロワー数がこの頃から激増していく。発売日前の時点では800人くらいだったフォロワー数が、1万3000人ぐらいにまで膨らんだ。そのなかには、ツイッターのアカウント開設をしてすぐの人が多くいた。この世界があることを、本を手にとって知ったに違いない。


これが意味することとは、インターネットの世界と、現実世界との境界線がなくなっていったということだ。

デジタル上にしか存在しなかった「教育の生産性向上」コンテンツが、質量を伴う書籍として世に出たことによって、届けることのできなかった層へ情報を届けることができるようになったのだ。

こうやって、「教育の生産性を上げ、子どもも教師もハッピーに」というミッションが、少しずつ達成されていく感覚を強めている。

「現場ありき」を胸に

話を現場に戻したいと思う。著書が発刊された3月、当時担任していたクラスとの別れの時期が近づいていた。異動希望を出していたので、本当の意味での別れだった。僕はこの子たちが大好きだった。試行錯誤をしながらではあるが、多くの実践に取り組み、それに応えてくれた。陰山先生から直々に教わった「漢字集中速習」と、葛原くんの「けテぶれ」を掛け合わせて、年度末の漢字テストではクラス平均94点（全国平均は80点以下と一般的にいわれている）という数字を残すことができた。

もちろん、新しいことをするときには大なり小なりの悪影響は出る。初めは僕のやり方に懐疑的だったある保護者が、子どもの変容を見て認めてくださった。本当にありがたいことだ。

しかし、大きなジレンマも抱えていた。僕は現場で完全に浮いていた。その責任は僕にある。自分の正義を勝手に貫き通し、後ろを振り返らずに進んでいった結果、管理職からは面倒くさいやつだと思われていた。もう少しストレートに言うと、信用を失っていた。現在の在り方に対して否定的な価値観をぶつけすぎ、不快な気持ちを与えていた。僕はこの2校目で4→3→4→3→2年生という学年を担任した。教員の方なら気づくだろうが、これは信頼を得ていない証拠だ。初任校で4年生から3年間受け持つというきれいな軌跡を描き、最高の卒業式で子どもたちを送り出した僕は、その後も高学年を中心に担任をしていきたい希望だったが、それは叶わなかった。

ツイッターでの発信は、現場で認められない悔しさを、外へ吐き出している面もじつはあったのだ。

離任式の日、僕は壇上で何かを喋りながら涙を流していた。それは明確な悔し涙だった。クラスの子たちがくっついて一緒に泣いてくれた。僕はひとつ大切なことに気づく。「現場ありき」ということに。管理職や同僚という仲間へのリスペクトは最も大切なことだ。アクセルの開閉は、そのときそのときの最適解によって決定づけられるべきだ。路面状況を無視して踏み込んでも、砂煙を上げながら虚しく空転するだけ。目的はアクセルを吹かすことではない。「教育」という車を前に進めることなんだ。

イノベーションを生む「水平読書」

自己成長につながるインプットの最大の源泉となる読書。ここではその読書を2軸で捉えたい。

ひとつは「垂直読書」だ。これは明確な目的意識が足元の地面に埋まっており、そこへ向かって垂直に掘り進む本の読み方を指す。

これは自分が所属するグループにおける専門書を読む作業にあたる。教員界であれば教育書になる。読めば読むほど知識が増えていき、実践の幅も広がることが期待できる。読書により、教室で子どもたちをハッピーにする営みが、教員個々によってより効果的に行われていくだろう。

また、そこで獲得した知識という建材を元にして、「教育」という城を築城していくわけだ。

しかし、気がつけばこんなことが起こっていた。

「みんな同じような建材しか持っていない……」

これがいわゆる「コモディティ化」と呼ばれるものだ。城を建てるための基礎となる石材や木材ばかりが持ち寄られることとなり、結果としてイノベーティブさを失うこととなっていく。すると気がつけば、淡泊で面白みのない城を作ってしまっているという事態に陥っていないだろうか。

●違う分野の知識を教育に当てはめる

そんななか、気をおかしくしたのか、まったく違う方向へ向かう変態がいた。その一人が僕だ。

それが「水平読書」だ。一見、的外れに見えて、そこには金脈が埋まっていることがある。もちろん、何も掘り当てられないこともたくさんある。

僕は、ひたすらにビジネス書を読み続けた。そして、そこで獲得した知識や考え方のフレームを抽象化し、それを教育へ転用することで、汎用性の高い建材を勝手に持ち込んで築城作業に参加し始めた。

「垂直思考」から「水平思考」へ

垂直思考
ひとつの論理を追求していく思考。新しい発想は生まれにくいとされる。
イノベーション
水平思考
別の視点から論理を追求していく思考。新たな発想を生み出すのに有効。
イノベーション

すなわち、教育の城に足りなかったのは「教育の生産性」という物見櫓《やぐら》だったのだ。今までは授業や学級経営という本丸にリソースが投下され続けていた。どんどんと立派になっていく本丸だったが、ある問題が生じていた。それは長時間労働という刺客の存在だ。その刺客を斬り捨てるために、物見櫓に「生産性さるさる隊」を忍ばせ、撃退させるという仕組みを創り出していった。

真面目な気質の人が多い教員界では、何かと「垂直」に物ごとを考えがちだが、「水平」に捉えることで、イノベーションが起こってくるのかもしれない。

本をチューニングして新たに市場に出す

「しるし書店」というサービスをご存じだろうか。キングコング・西野亮廣氏がスタートさせたもので、しるし（本への書き込み等）を入れた本を、ＣｔｏＣ（ネット間個人取引）で販売するプラットフォームだ。

これまでだったら、読み終わった本を売ろうとするなら、ブックオフなどの古本屋で二束三文で売るか、メルカリに手数料をボラれながら売るといった方法が一般的であったと思う。しかし、ここに見落とされていた問題があった。それは本に宿された付加価値が無視されていたということ。たとえば、名うての営業マンがあるビジネス書を読んで、自分の気づきやこれまでのノウハウを書き込んだ本があるとする。

しかも彼はツイッターでのフォロワー数が数千人いるインフルエンサーで、信用も可視化されている。仮に、その本をブックオフの買取窓口に持っていっても、店員のアルバイトからすればただのオジさんが書き込みまくった状態の悪い本にしか見えず、10円とかで買い叩かれるのが関の山だろう。しかし、同じ営業クラスタ（カテゴリー）の営業マンからすれば、その本は定価の2、3倍のお金を出しても買う価値があるものに映るのだ。そのマッチングを可能にしたのがしるし書店だ。

基本的には匿名でのやりとりとなるメルカリとは違い、しるし書店では実名によるCtoCの売買契約が交わされる。信用がある人が本を出品すると、定価やそれ以上でも一瞬で買い手がつく。逆に、どこの誰ともわからない、要するに信用がない人の本はこれまたビックリするくらい売れない。

組織づくりの本を学級経営に結びつける

この仕組みを利用することで、インプット⇅アウトプットのサイクルをより良質なものにすることができる。しるし書店での販売を前提として、初めからどんどんと本に書き込みをしていく。次に読む人が価値を感じられるようなしるしを残し、本の価値を上げておく。

そのためのコツは、普通の本を自分の属する世界に合わせてチューニングすること。たとえば、会社の組織づくりの本ならば学級経営に結びつけて、営業向けの本なら授業に結びつけるなど、ベクトルを自分の世界に強引に寄せていくイメージ。

そうすることで、他クラスタのユーザーからは無価値でも、同じクラスタのユーザーには価値のある一冊ができあがるというわけだ。

このように、自分が加えた価値を市場に差し出すことで、一定の緊張感を持って、本に書き込むという質の高いインプット⇅アウトプットが回っていく。


ここで本を売れるようになった人は、事実上、無料で本を読み続ける権利を得たことになる。そして、「しるし本を定価以上で出品してもすぐに売れる」という事実は、さらにその人の信用を生むことになる。

もちろん、本はその物質そのものに価値があるのではなく、そこに詰め込まれた情報そのものに価値があるわけなので、中身を脳みそに放り込んで本をそのまま売ったとしても、それはそれで極めて生産性の高いアクションだと僕は思う。

ちなみに、僕もしるし書店で結構な数の本を売った。でも、ある日からやめることにした。なぜなら、しるし書店で売った本がまたほしくなり、書店でもう一度購入するという生産性の極めて低いアクションをくり返してしまっていたからだ。

win-winの情報サイクルを回す

本は「読む」という時間的コストと、「買う」という金銭的コストによる二重構造になっている。これは裏を返すと、安くて薄い本は読まれやすく、高くて分厚い本は読まれにくいということだ。じつは、ここに情報発信のチャンスが潜んでいる。

そのひとつの例が『ティール組織』（英治出版）だ。この本はビジネス界で話題となり、世界中でベストセラーとなった。例のごとく、一部のイノベーター層の教員は読んでいたが、ほとんどの教員にとっては未知のものだった。または、「ティール組織って本が、何か熱いらしい」という情報を聞きつけて読もうとするも、そのコストの高さに目がくらみ、あきらめるといったシーンをたくさん目にした。

この本、価格が２７００円、そしてページ数が約６００ページもある。「意識高い系コミックボンボン」、はたまた「押し花製造機」という異名を得たりして恐れられる存在だ。なおかつ、ちーっちゃな字でビジネス専門用語がてんこ盛りなので、読み手にとっては非常にハードルが高い本なのだ。

ここに潜んでいるニーズは、こうだ。「読みたいけど、読めない」

このニーズに応えるべく、僕は必死でティール組織の具体から抽象を抜き出しインプットして、学級経営に当てはめて転用した記事をブログで書いた。すると、ニッチな教員クラスタのブログでは異例の５０００ＰＶを超える反応があった。

これは情報の出し手と受け手の双方にとって、極めてｗｉｎ－ｗｉｎなパターンだと思う。出し手である僕は、アウトプットを前提とするため、インプットの質が上がる。受け手であるフォロワーの方は、低コストで教育用に加工された情報をインプットすることができる。もっと知りたい人は、本を購入して学びを深めるだろう。

有効性と再現性の高い情報が求められる

このほかにも、僕はビジネス書の内容を教員向けに加工して発信をくり返している。このように、違う世界から教員の世界へと情報を輸入・加工して提供するという発信は、大きなニーズがあると感じている。情報を発信、受信していくなかで、情報の価値を左右するファクターは２つに集約されることがわかってきた。

1 「有効性」──これはイイね

「有効性」とは情報の受け手にとって、それが有益かどうかという視点。その情報によって受け手の思考や行動が変化し、プラスの効果をもたらすものが有効性の高い情報だと言える。

世の中でヒットしているビジネス書や教育書などの多くは、この有効性が高いものだ。情報をキャッチしようとする側の人たちは、現状をより良くしようと考えている人たちであり、ただただ自己流であえぐよりも、より短い時間で目標に到達しようと先達の有効性の高い情報を求めているわけだ。

2 「再現性」──自分もできそう

「再現性」は極めて重要なファクターだ。どれだけ素晴らしい情報であっても、情報の受け手が再現できなければそれは価値ある情報とはなり得ない。その人にしか再現できない属人性の高い情報はただのポジショントークだ。

しかしながら、再現性の低い、すなわち教師の力量に依存する実践が賞賛される風潮は大なり小なり存在する。ただそれは、野球でいえば〝大ファール〟情報であり、

有効性・再現性の高い情報がホームランとなる

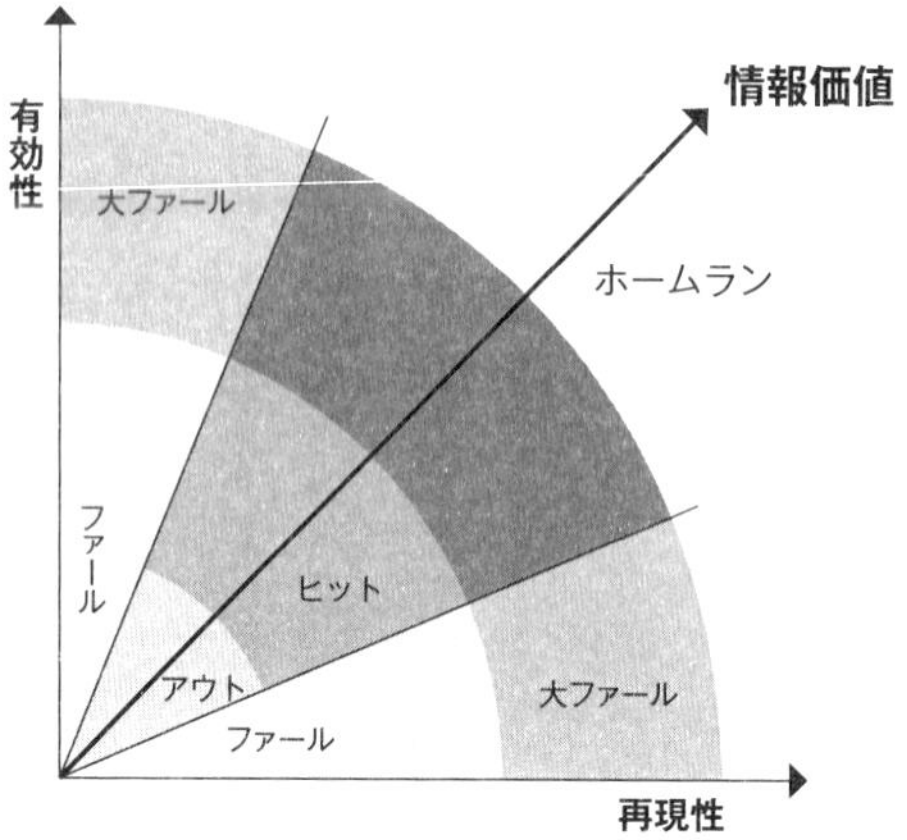

有効性は高いが再現性の低いものは子どもは大きく伸ばせるが実践はエゴイスティックなものになりがち。情報価値は低くなる。再現性は高いが有効性は低いという実践は、手段が目的化しているので、これも情報価値が低くなる。

得点には結びつかない。

上の図は、山口周氏の『ニュータイプの時代』(ダイヤモンド社)に掲載されていた図を元にアレンジしたものだ。

真に高い情報価値を宿すのは、有効性・再現性がともに高い実践だ。市民権を得ている教育実践は、ほぼ間違いなくこれらの要件を満たしている。例を挙げると、「百ます計算」がそれに当たるのではないだろうか。そして、「けテぶれ」(76ページ参照)もこれに続くはずだ。

有効性と再現性が最大化された実践が、美しい放物線を描いてホームランとなるのだ。

第4章

［追求］

ミッション・ドリブン

「未来」編

未来に向けて教員も変わるべき

2019年5月、時代は令和へと突入した。最後に、僕が考えるこれからの教師のあるべき未来像について少し話をしたい。その前提として、これから、教育界を含む社会がどう変容していくかということについて俯瞰《ふかん》しておく。

まずは、我々人類の歴史について簡単におさらいをしよう。人類はいくつかのイノベーションを経て、その人間活動のステージを駆け上がってきた。

木から降りて猿からヒトへと進化した頃の人類は、自然界のなかでは極めて貧弱なユニットだった。鋭い牙や爪を装備しているわけでもなければ、マッチョな格闘能力があるわけでもなく、高速移動といった特殊スキルも持ち合わせているわけでもない。そんなひ弱な存在だったヒトになりたてホヤホヤのご先祖様たちは、何とかそんな無理ゲーを生き抜き、いつの間にか地球マップ上のありとあらゆる場所に存在することになった。

それもこれも、どこかの誰かが、その辺の石ころをたまたまいい感じの形に叩き割って石器という武器を発明し、それを槍やら弓矢といった上級武器へとアップグレードさせていったことにより、恐ろしい獣を追い出したり、美味しそうな動物をゲットできるようになったからにほかならない。

このイノベーションがSociety1.0（狩猟社会）だ。

ある日、人類はその辺の麦を刈り取って村へと持って帰る途中の道に、麦が生えてくることに気づく。どこかのアイデアマンが、「これ、自分たちの村に麦をこぼしまくったら、いいんじゃやね？」と考える。

その結果、農作物を自分たちで育てるスキルを得た人類はSociety2.0（農耕社会）へとレベルアップした。

さらに料理中のお鍋のフタがカタカタ動く魔法の正体に人類は気づき始める。それを操り、応用した装置として蒸気機関が発明された。それを起点として、工業化というSociety3.0（工業社会）へレベルアップを果たした。

そして1990年頃から、世界中に蜘蛛の巣のように張り巡らされた通信網に、ありとあらゆる情報が光のスピードで届けられるようになっていった。インターネットの登場だ。これを駆使するようになった人類はついにＳｏｃｉｅｔｙ4.0（情報社会）のステージへと到達した。

ちなみに、ここまでの人類のゲーム所要時間はだいたい２００万年である。そしてついに、人類はＡＩ、ロボット、５Ｇ通信、ＩｏＴといったさまざまなテクノロジーが織り成すＳｏｃｉｅｔｙ5.0（新たな未来社会）の境地へと足を踏み入れつつある。

●ＶＵＣＡ時代を生きる

この世界における変化速度はすさまじく、未来は予測不可能なものとなっている。変動性（Ｖｏｌａｔｉｌｉｔｙ）、不確実性（Ｕｎｃｅｒｔａｉｎｔｙ）、複雑性（Ｃｏｍｐｌｅｘｉｔｙ）、曖昧性（Ａｍｂｉｇｕｉｔｙ）がどんどん増していく「ＶＵＣＡワールド」へと人類は足を踏み入れているのだ。

ＡＩやロボティクスといったテクノロジーが、すでにヒトの仕事を代替していっている。かつては花形の職業とされていた銀行員は今、業務自動化に伴う人員削減が進められている。日本を代表するメガバンクであるみずほ銀行では、副業兼業が解禁されるという報道もあった。

また、100年安心といわれていた年金の支払額が下がったり、受給年齢が引き上がったりするなどの変化も起こっている。経団連の中西宏明会長は「経済界は終身雇用をもう守れない」と発言し、終身雇用というシステムは終焉へと向かいつつある。

世界に目を向けると、GAFA（Google、Amazon、Facebook、Apple）をはじめとする巨大企業は、もはや一国をも凌駕する影響力を持ち始めた。ブロックチェーンの技術に基づく仮想通貨の登場が、世界の経済システムに革命を起こすかもしれないともいわれている。Facebookが発行を計画しているLIBRA（暗号通貨）を巡り、G7が一丸となってイチャモンをつけているシーンはそれを象徴するものだと感じた。通貨制度、いや経済システムそのものがこれから変わっていくことが予想される。

では、そんなVUCAの時代を生き抜く我々教員にとって、これらは関係のない話なのかというと、そんなわけはない。現在の実質的な終身雇用が続かないかもしれないし、年功序列型の給与システムが変わるかもしれない。どう変化していくかわからない未来へ向けて、教員も未来設計を自らデザインしていかなければならないのだ。

教師という仕事をもっと魅力的に

２０１９年度も、教員のなり手不足は加速していると言える。その指標のひとつとなる小学校の教員採用試験の倍率を見ると、北海道、新潟、福岡県は１倍台前半となっている。かつて、魅力的な職とされ、狭き門であった教員の魅力は、世間的には凋《ちょう》落《らく》の一途を辿っているように感じる。

「ｗａｔｃｈａ！ＴＯＫＹＯ」で論じた「教員の再魅力化」の必要性について、ここで詳細に考えを述べたい。

前職において、慢性的な人手不足は、現場の致命的苦しみを生むことを知った。無理な人数でこれまでと同じ業務量をこなすとなると、当然、現場にいる人たちは苦しくなる。それに耐えられず、辞めていく人が出てくる。すると、より現場が苦しくなり、さらに辞めていく。この負のスパイラルに突入すると、本当に悲惨なことになる。

当たり前だが、このような状態の現場に新しく人が入っても、すぐに辞めていってしまう。

今、教育の現場は、この負のスパイラルに片足を突っ込んでいる状態だ。元々いた人たちがどんどん辞めていき、新しい人が入ってこない。現場はどんどんと苦しくなっていく。この強烈な負のスパイラルを断ち切ることが必要だ。

そのためには、教員という仕事を、再び魅力ある仕事へと変えていかないといけない。その第一歩が、教員自らが生産性を上げて時間的、精神的な余裕をつくることだ。しかし、これはあくまでも、個ができるレベルのものだ。当然、組織として公教育をよくしていくことは大事だが、いかんせんこの巨人は動きがノロい。マクロ的改革を待ちつつも、僕ら個人が今この瞬間からでもできるミクロ的改革は何かを考えたい。

1 労働環境の改善

しつこいようだが、このイシューに対する僕の回答が、「全部やろうはバカやろう」だ。自らの生産性を上げることで、労働環境を改善していくことは可能だ。ツイッターでの発信や著書を通じて、このスローガンは少しずつだが浸透しつつあると思う。

本を読んでくれた方からは、「早く帰れるようになりました」という嬉しい言葉をいただくことも多い。現場のマインドセットは着実に書き換えられていっているはずだし、これからもそれは進んでいくだろう。この考えを持つ教員が一定数を超えたとき、教育界はグルンっとひっくり返るはずだ。

2 教員のパラレルキャリア化

この仕事をもっと面白く、そして魅力的なものとしていくための僕からのもうひとつの提案が、「教員のパラレルキャリア化」だ。これは、生産性を上げてできた余白をどう使うかという、「生き方」という抽象的な領域の話にも通じてくる。

●自己成長を促すキャリアを形成

具体的に、教員のパラレルキャリアとは、勤務校での仕事を本業としつつ、ほかの仕事に複業的にチャレンジしていくキャリア形成のことを指す。「今の仕事でいっぱいいっぱいで、そんなそんな……」というのが大半の先生の意見だと思う。しかし、おそらくこれからの未来、社会全体においてＡＩやロボティクスなどの発展により、ホワイトカラー職やブルーカラー職を問わず、仕事は加速度的に人間以外に代替されていく。

よって近い将来、教職の世界にもその波は何かしらの影響を与えるだろう。そのときに備えて、代替されない価値を自身に宿しておくことは、VUCAが進む現代において、持っていてもよい視座だ。

「watcha! TOKYO」の半年後、同じ東京で「教師のパラレルキャリア」について講演するチャンスをいただいた。『自分らしく働く パラレルキャリアのつくり方』(秀和システム)の著者である三原菜央さんから依頼を受けたもので、後述する「信用経済」における教員のキャリア形成の在り方を提案した。

パラレルキャリアの形成は、実践⇅発信⇅貯信をして、自己成長をしつつ、結果的にマネタイズもできるというのが理想的だ。

「発信」とは、ツイッターなどを利用して自分の考えをアウトプットすることで、「貯信」は、周囲から得られる信用をためていくことだ。「実践」にこれらを加えることで、自己成長とともにキャリアが加速していく。

問題を解決するEdtechという福音

2019年5月にROJE主催の『教師をアップデートせよ』という、これまた仰々しいイベントに登壇した。そこに来たのは、「教員志望ではあるけれど、昨今のブラック職業問題で完全にビビってます」といった悩みを持つ学生さんたちだった。

結論から言うと、2030年から2040年辺りには、教員の労働時間に関する諸問題は解決していると考える。公害問題などを筆頭に多くの社会問題は、一旦クローズアップされると、完全とはいかなくとも、それほど多くの時間を要さずに解決することが多い。『ファクトフルネス』（ハンス・ロスリング著、日経BP）でも触れられているが、多くの問題は解決されないまま悪化していくような錯覚にとらわれがちだが、じつはそうではない。大局的には、この世界は確実に改善していっているのだ。

具体的にはEdtech《エドテック》実装によるイノベーションが、諸問題を一掃していくと確信している。Edtechとは、Education（教育）の問題をTechno ｌｏｇｙ（テクノロジー）で解決していこうというものだ。Ｆｉｎｔｅｃｈ《フィンテック》（金融＋テクノロジー）、Ｍｅｄｔｅｃｈ《メドテック》（医療＋テクノロジー）などのイノベーションの流れのひとつである。

Ｅｄｔｅｃｈが本格的に普及したとき、さまざまな業務は自動化されていくだろう。採点作業はＡＩが担当し、そのデータはクラウド上に保存される。そこから自動的に成績が出力される。ＡＩが個々に応じ最適化された問題を出すため、時間あたりの学習の量と質が向上していく。すると、今日教員を煩わせている雑多な業務は、僕たちの手から離れていくはずだ。事実、ｅラーニングといった新時代の学習方法は世界的に見れば加速度的に実装が進んでいる。Ｅｄｔｅｃｈが実装された未来では、教師はブラック職業という概念は消失しているはず、というのが僕の考えだ。これは、子どもたちの学びの質を向上させつつ、教員の作業的負担が軽減されるというイノベーションの実現を意味する。これが、真の「教育の生産性改革」だ。

Ｅｄｔｅｃｈを実装した教室のひとつとして、京都教育大学附属桃山小学校教員の若松俊介教諭の例を紹介したい。

若松先生より寄稿

Edtech実装の教室

若松俊介（わかまつ・しゅんすけ）
京都教育大学附属桃山小学校教員。コーチング主体の授業や学級経営を専門とする。著書『授業ファシリテート入門』他

技術革新が目まぐるしい昨今、10年前には珍しかったスマートフォンやタブレットPCも現在では私たちの生活に欠かせないものとなりました。本校でも、10年ほど前から電子黒板やタブレットPCなどが少しずつ導入されています（現在、各教室は電子黒板。5、6年生は一人1台タブレットPC支給）。各機器があることによって私たちの生活同様、学校でも子どもたちと教師の毎日が大きく変わります。

まず大きく変わるのは、子どもの学習の進め方です。これまでは、子どもたちはノート（紙）と鉛筆、先生は黒板とチョークを活用した学習を行うのが当たり前でした。しかし、そこにタブレットPCや電子黒板が加わることによって、インプットの方法が個々に最適化されたものになります。タブレットPC上に自分の考えを書いていくのはもちろん、友達の考え、先生の言葉なども画面上に現れるため、「この人の考えは面白いな」と思ったものをどんどん自分のタブレットPCに取り入れていくことができます。わからないことがあればインターネットですぐに調べられます。歴史の流

れや理科の実験などは動画を見ればさらにわかりやすくなるでしょう。「もう一回、見たいな」と思えば、自らもう一度見ることだって可能です。子どもたち一人一人の「知りたい」「気になる」に寄り添うことができます。

アウトプットの方法も多岐にわたります。これまで通り、ノートに書いてまとめることも非常に大切なことかもしれません。しかし、タブレットPCを活用すると写真やテキストを自由に工夫しながら整理することが可能になります。「字が汚いから……」「絵を描くのが下手で……」といったことも気にしなくて構いません。こうした個人的な能力の差が現れなくなってくるのもICT機器を活用する利点です。

また、学習したことをプレゼンテーションや動画などに整理したり、誰かに伝えたりすることもできます。本校では1年生時からメディア・コミュニケーション科として、系統的にメディアを活用したコミュニケーションの在り方について学習を積み重ねています。6年生にもなると、自分の考えを整理したり、誰かに伝えたりするときに「ノートに書いて」「ポスター」「プレゼンテーション」「動画」などさまざまな選択肢から自分にとってよりよい方法を選びます。たとえば、理科の実験の様子や「分度器の使い方」などを自分たちで動画にしておくことで、何度も見て学習し直すことができます。ＩＣＴ機器は使えば使うほど、自分の学習をよりよくする選択肢のひとつとなっていきます。シャーペンと鉛筆を使い分けるのと同じ要領です。

次に、子どもたちの生活が大きく変わります。学級には生き物係、新聞係などの係活動があるところが多いでしょう。係活動で、アンケートの作成・集約やポスター作りなどもタブレットＰＣを活用します。また、プレゼンテーションしながら、自分たちの活動を紹介することだってあります。学校の面白いニュースを動画にして放送する係や、プログラミングゲームを作ってイベントをする係だって生まれます。

家でもＩＣＴ機器をよく使っているからこそ、子どもたちの操作は手慣れたものです。自由に使える場面を増やせば増やすほど、どんどん使いこなそうとします。生活の中で使う場面を増やすことによって、学習場面でも活用の幅を増やしていきます。「学習のときにしか活用してはダメ」では新たな発想や創造性は生まれません。

さらには、教師の仕事も負担が減っていきます。たとえば、授業において自分の話す技術だけで全てを理解させるのはなかなかむずかしいでしょう。社会の歴史的な事実や理科の実験などは、気軽にどんどん画像や動画を活用していくことができます。

子どもたちが、「わからないことはすぐに調べられる」という環境であれば、教師一人がすごく知識を持っておかなければならないという必要はありません。子どもたちが理解しやすいように、模造紙に大きく書き直したり、必要な画像を印刷して裏に磁石をはったり、ということをしなくてもよくなりました。

また、アプリの中で子どもたちの考えがすぐに手にとって見えるようになっているので、誰がどんな考えを持っていて、どのように困っていたり、悩んだりしているのかもわかります。子どもたちの考えがわかれば授業をより組み立てやすくなります。

「子どもたちのノートを集めてひとつひとつチェックする」のはすごい負担です。また、授業中に教室を巡回しながら子どもたちの考えを把握するのも簡単ではありません。ＡＩなどが導入されるとさらに教師がすべきことは変わっていくでしょう。

世の中の技術革新を、学校に取り入れれば取り入れるほど、子どもたちや教師の生活が大きく変わります。子どもたちの学習をよりよくするために教師が疲弊するのではなく、よりよい環境を構築していくのが先決です。こうした環境で学習するからこそ、次の未来を生み出す子を育てていくことができるのだと思います。

信用経済という「島」での生き方

平成の終わりから、旧来とは違った経済システムが誕生した。それが「信用経済」だ。これはだだっ広い大海原に突然「島」が隆起するがごとく現れた世界で、そこでは旧来とはまったく違ったルールが適用されている。

この島では信用がすべて。信用を持っている人が人を引き寄せて面白い宴を開いたり、それをお金に換金してモノを買ったりすることができる。ここで行われていることを大昔の話に例えてみようと思う。

石器時代、ある女性が恐ろしいサーベルタイガーに襲われていたとする。そのとき、鋭く風を切る音がしたと思ったら、次の瞬間、サーベルタイガーが断末魔の声を上げながらその場に倒れ込んだ。絶命したソイツの眉間には矢が突き刺さっている。

すると、弓を持ったイケメンが現れ、「怪我はないかい？」とその女性の手をとる。

女性の命を救ったイケメン原始人（便宜上、以後「ウッホ」と呼ぶ）は、ひとつ信用を獲得したわけだ。これはとてもわかりやすい例だが、偶発的なことに起因するため、あまり起こり得ない信用獲得のシーンと言える。大事なのはこのあとの話だ。

「ぜひ私の村に来て！　お礼をしたいの！」と、彼女はウッホを招く。そこで宴が開かれ、みんなで食べて飲んで踊る。そんなとき、「ところでその道具は何だい？」と村の長老がウッホに問いかける。「あぁ、これは弓矢といって、遠くの獲物を仕留めることができる便利な武器なんですよ」と答える。

「なるほど、じゃあウチの村でも弓矢を作りたい。ぜひ作り方を教えてくれないか」という流れになる。すると、その村の男たちは弓矢を手にするようになり、その後の暮らしの生産性が飛躍的に高まったのだとか。

教師の力を高めつつ、バナナも獲得

ここでもウッホは信用を獲得したわけだ。ただし、今回は一人だけではなく、何十人もの人たちから。このように、物理的な恩恵の提供による信用獲得は限定的になりがちだが、情報提供による信用獲得は加速度的なものになることが多い。

ウッホは「有用な情報」を供与することにより、一気に多くの人たちから信用を得ることができたのだ。帰りにみんなからお礼にバナナを1本ずつもらったとしても、両手に抱えきれないほどの量になったことだろう。これは、お金をバナナに置き換えた場合、信用が換金された瞬間と言える。ウッホは、ここでこう考える。

「弓矢を使って獲物を仕留めることも大事だけど、その作り方をいろんな村の人たちに教えたほうが、もっとたくさんの食べ物を手に入れることができるかもしれないな」

そうなると、ウッホはもっとクオリティの高い弓矢の開発に力を注ぐようになり、より高性能の弓矢の情報を伝えることで、さらにたくさんの信用を集めることに成功する。そう、この瞬間、彼は「ウッホ@弓矢インフルエンサー」となったのだ。

これは現代において、僕がやったことと本質的には同じ。僕は、「弓矢の作り方」ではなく「学校における生産性の高い働き方」に関する有用な情報をツイッターで提供し続けた。結果として、自分自身のスキルアップにつながったと感じている。

現場における教師としての力を高めつつ、発信者として研究を重ねることでシナジーを起こすことができる。そして、バナナももらえる。そんな生き方は、結構幸せなんじゃないかと、最近よく感じる。

教員と「お金」の未来

次は、これからの時代の教員と「お金」に関する話。先に断っておくと、教員の世界はお金アレルギーだ。教員とお金というのは、すこぶる相性が悪いらしく、ネット上でもちょくちょくボヤ騒ぎが起こった。

『みんなのオンライン職員室（以下、みん職）』の有料化の際も、炎上し、講師の一人を務めていた僕にも矛先が向き、勤務している教育委員会への問い合わせメールをツイッターでさらすという嫌がらせを受けた。

僕なんかは図太いタイプなので、攻撃してくる連中を歯《し》牙《が》にもかけなかったのだが、同じく攻撃を受けた葛原くんは病んでいた。彼はピュアなのだ。釈明しておくと、スタートアップ時点で金銭は一切発生していない。『みん職』のミッションに共感し、自分の時間を投資したまでだ。

現場で実践し、情報を発信して、貯信していく過程で成長し、結果としてマネタイズという副産物を得ることもできるようになる。時代が追いついてきていないので、まだまだ一般的ではないが、ゆくゆくは「複業」が普通になり、本業以外での生業を持つ教員も増えてくるはずだ。「複業」とは、「副業」と違い、自己成長や他者貢献を目的とするもので、副次的に収入というものがついてくるイメージでいいだろう。

発信をすることで成長がブーストされることは、ほぼ間違いない事実だ。そして、このフレームワークのステップのひとつであるマネタイズへと進むには「兼業届」や「営利企業従事届」を勤務地の教育委員長へ提出し、自治体の教育長の許可を得ることで現在も可能だ。

●分散化される収入先

また、これからはかつての農家のような収入ポートフォリオを組む時代がやってくる可能性が高い。中世の農家は米作りを収入の柱としつつ、野菜を作ったり、縄を綯《な》ったりすることで、サブの収入を得ながら生計を立てていた。

そして、昭和平成の時代には勤務先からの給与という、収入の一本化が進んだ。しかしこれからは、揺り戻しが起こり収入先の分散が起こってくると思われる。サラリーマンが休日の隙間時間に、副業としてウーバーイーツのバッグを背負って、デリバリーをしているシーンはそれを象徴するものだと言えるのではないだろうか。

教育実践の発信の民主化が進んできている今日、それは教員の世界にまで波及してきてもおかしくはない。オフライン、オンラインを問わず、収入を分散させて働くライフスタイルが、これからの主流なのかもしれない。

最大のアウトプット「文章化」

これまでに実践してきた情報を、文字として系統化された状態でアウトプットすること、これが「本を書く」という行為だ。自分の中にカオスとなって渦巻くさまざまな暗黙知を、秩序ある形式知として編集するという一連の作業は、自分を成長させるための最大のアウトプットとなる。

今はＳＮＳ出身者の著者や執筆者も多くなってきている。有用な情報をＳＮＳ、ブログなどで発信し、一定の信用を得ることができれば、それが出版されるというケースだ。僕自身、出版社から声がかかる半年前から、「教育の生産性」というコンテンツを、系統化して文章にする作業に着手していた。結果として出版される運びになったが、仮にそうならなかったとしても、自分の成長という点でいうと十分なリターンがあったように思う。

なお、出版にはその費用を全額自分で負担する「自費出版」というものもある。Kindleといった電子書籍化なら印刷費などがかからないため、極めて現実的コストで出版が可能となってくる。

教育ブログなどで支持され、ツイッターのフォロワー数が1万人を超える〝ともはる先生〟が自費出版した『ユニバーサルデザイン 学級への6原則』(教育報道出版社)という本がある。同著は、広告宣伝費用がゼロにもかかわらず、そのほかの教育書を押しのけてAmazon教育書分野でランキング1位となった。

たしかなコンテンツ力と情報発信力を兼ね備え、信用をためている人にとっては、自費出版はハードルが高いものではなくなってきている。実践を多くストックされている教員はぜひチャレンジしてほしい。

世間とズレがある教育界

ツイッターで、ある保護者がわが子のテストをアップしてバズるという現象が、よく見られる。一例を挙げると、答えは一緒なのに掛け算の掛ける順番が違っているからバツ、漢字の「とめ・はね・はらい」ができていなくてバツ、理科で影が動く理由の解答に「地球が動いているから」にバツ。要するに、鋼鉄並みの思考の硬さを持つ教師にイラつき、さらすためだ。

これらの問題に対して、一教師として意見をさせてもらうと、掛け算でバツをするのなら、国際オリンピック委員会に駆け込んで「４×１００ｍリレー」の書き方を入れ替えろと抗議しにいくべきだし、「とめ・はね・はらい」にこだわるのなら、マイクロソフト社へ行って丸ゴシック体についてクレームを言うべきだし、「太陽が動くから」と書かせたいのであれば「天動説」という論文を書いてニュートン誌に応募すべきだと思っている。それらの保護者たちの気持ちは十分にわかる。社会の要請と教師がやっていることとのズレに、多くの人たちは苛立ちを感じているのだ。

そうそう、僕の仲間であるふたせんが、長期休業中の時間を使って、企業へのインターンにチャレンジをした。そして、そのことが『ＮｅｗｓＰｉｃｋｓ』の記事となった。しかし、その記事に対し、ツイッターでホリエモンこと堀江貴文氏から一言で一蹴されてしまった。「インターンに行ったくらいで何がわかるんだ」というニュアンスだった。

それに対するビジネスマンからのリプライの多くもひどいものだった。まとめると、「教師に対する不信」。所詮、教師なんて、経済界における安全地帯でぼんやりと生きる生き物だ。世間知らずで、経済オンチで、そのくせ安定した収入でのんびりと暮らしている。そんな憎悪にも似た感情を、僕たちは持たれていると感じた。

『ブランド人になれ！』（幻冬舎）の著者、田端信太郎氏は、ツイッターで「学校教育で子どもたちを優秀な投資家として育成するように考えるべきだが、それは絶望的なので、その意味では学校には何も期待していない」という発信をされていた。キングコングの西野亮廣氏は、教師にお金の話をさせると白目になると嘲笑しているし、写真家の幡野広志氏も、学校教育には期待していないことを明言している。

僕はこれらの著名人のことをとてもリスペクトしていて、大体の著書も読んでいる。学校教育に否定的な人の声を聞くことで、学校への本質的な社会要請をつかむことができてくると感じた。

掛け算の順番はもとより、今教育界が躍起になって取り組もうとしている英語教育やプログラミング学習も、社会的要請からのものではない。要するに、牛丼を注文されているのに必死で美味しいラーメンの作り方を研究し、ドヤ顔で差し出そうとしているようなものだ。

この辺りは一教師が叫んでも変えられないところだが、学校に求めているものはもっとシンプルなもののはずだ。子どもたちが大人になったときに、よりよく生きられるためのスキルを付けることではないだろうか。

それなりの読み書き計算、人を思いやる優しさ、社会生活のための知識。とりわけ、マネーリテラシーについては今後重要になってくると考えている。

●市場のプレイヤーであれ

2008年9月、世界市場を混乱させたリーマン・ショックが起こった。これにより、僕が当時保有していたくら寿司の株価は暴落した。具体的な金額を明らかにすると、120万円分の株が、一瞬で30万になった。そして退職に伴い、底値で売ることとなる。貯金をする代わりに、5%の金利がつく持株を毎月買うというリスキーな運用をしていて、最悪のシナリオを迎えたわけだ。アーメン。

ただ、自分の資産を貯金ではなく、少額でも株式や国債に投資することで、市場のプレイヤーとなることができる。もし、貯金だけなら経済の仕組みについてそんなに詳しくなくても問題はないため、必然的に経済オンチとなってしまうだろう。

教員のこういった経済オンチに対する不信を社会は抱いていると強く感じている。だからこそ、教員が投資をすることで、経済というフィールドに立ち、プレイヤーとなるべきではないだろうか。少額でもいいから、投資を始めることをおすすめする。市場のプレイヤーになることで、世界の見え方が変わってくるはずだ。それにより、教員に対する見方も少しは良くなってくるのではないだろうか。

令和時代の職業観

『教師をアップデートせよ』での講演では、先生の卵たちに「令和の職業観」についても話をした。現代の人々は24時間インターネットに接続されているため、いつどこにいても人と関わりを持つことができるようになった。

これが意味するものは、ビジネスとプライベートのグラデーション化だ。もちろんこれには賛否両論があり、「いつでも仕事のこと考えてます」というポジティブ派と、「職場以外はもう仕事のこと考えたくねえよ」というネガティブ派が存在している。

前者は少数派で、後者が圧倒的多数派だと言えよう。いわゆるワークライフバランスをしっかりと保ちたいという思いの人が強いのが現状だ。これは至極当然のことだし、この意見はもちろん尊重する。

しかし、限りある人生において、仕事と趣味を重ね合わせることができれば、それは案外ハッピーかもしれないというのが僕の持論だ。これは、マルチに活躍する落合陽一氏の提唱するワークアズライフという価値観とも符号する。

●理想の職業人は「さかなクン」？

仕事と趣味を皆既日食ばりに完全に一体化させた人がいる。それは「さかなクン」。彼の仕事はとにかく魚に関することばかりだ。趣味もいわずもがな魚。もう彼の頭の中は魚でいっぱい。何なら頭の上にも乗っているぐらいだ。人生を魚に注ぎ込んでいる。でも、そんなさかなクンの表情をテレビで見ていると、心の底から幸福感を感じているように見えないだろうか。僕にはそう思える。

このように仕事を趣味化した人は、もう完全に勝ち組だと思う。人生において、仕事をしている時間というのは、多くの人の場合、大きなウェイトを占める。その時間が自分にとって幸福か、そうでないかが人生の幸福度を大きく左右することは疑いようのない事実だろう。

さかなクンこそが、令和の職業観のロールモデルであると考える。僕の仲間の教員界隈では、さかなクン寄りの人たちがたくさんいる。もう寝ても覚めても教育のことばかり。ただ、もちろん彼らは自発的にそれをやっているわけであり、それは幸せなことだと言えるのではないだろうか。

「豊かさ」とは、何だろう。現代における豊かさは、「お金」によって得られる「モノ」から、多種多様な経験・体験から得られる「コト」へとシフトしていっていると思う。

相対化していく「豊かさ」

豊かさに関して考える教材として、『教師をアップデートせよ』で一緒に登壇した木村彰宏くんの話をしたいと思う。

彼について正確に説明するのはむずかしい。「LITALICO」という会社の採用担当の仕事をメインとしながら、「Teach For Japan」という団体で活動をしたり、島根県の津和野町の幼児教育アドバイザーを務めたり、プロジェクトアドベンチャーのファシリテーターとして山奥で学生と遊んだりしている。面倒くさいので、便宜上、ここでは「肩書多すぎマン」としておく。彼は学生へ向かって高らかにこう言っていた。「僕は本当に今、豊かです」と。

ちなみに、彼はおそらく年間360日は働いている。当日、「教職の働き方のブラックさを心配してやってきた学生たちの前で喋っている本人が一番ブラックな働き方をしているじゃねぇかよ」とツッコミたかったのだが、タイミングを逃したので、念のためここでツッコンでおく。

木村くんは日本中を駆け巡り、さまざまな人とつながり、価値を生み出し続けている。ただ、本人はお金に対する執着が全然なく、報酬がない仕事がかなりのウェイトを占めているらしい。そして、見事に時間がない。イベント登壇する時間になっても、まだプレゼン資料が完成していないぐらいの時間貧乏だ。

しかし、彼の表情や全身から生きる喜びが放出されているのを僕は隣で観測し続けていた。そう、彼は好きな「コト」に身を没頭させることで豊かさを得ていたのだ。


はたから見れば、彼の生き方が豊かではないと映ることもあるだろう。しかし、時代とともに、豊かさは相対化していく。絶対的豊かさは存在せず、人それぞれの基準での豊かさが存在していくのだ。

ただし、補足をしておくと、ワークアズライフとワークライフバランスとは二項対立ではなく、あくまでもグラデーションだ。自分のその瞬間瞬間の価値観による最適解でそのバランスは決定すればいい。

公立、私立に続く第三の選択肢

南の島に、僕の仲間の一人、ざるくん（神前洋紀くん）という面白いやつがいる。彼は「ざる」というツイッターアカウント名で、プロフ画も「さる」だったので、僕と混同する人が多く出てきた。

その都度、「アカウント名とプロフ画をゴリラに変えろ」と圧をかけたものの聞く耳を持たなかった。そこで、今度出す著書に君がやっている面白いチャレンジを寄稿しろと強要したところ、しっかりと書いてくれた。

教育の多様化が進むなか、公立、私立に続く第三の選択肢となる「学びの場」が出現してきている。

そこで奮闘するざるくんの記事を読んでほしい。

ざるくんより寄稿

フリースクールの設営

神前洋紀（しんぜん・ひろのり）
元小学校教諭。退職後に鹿児島県沖永良部島でフリースクールをスタートさせる。「ｗａｔｃｈａ！福岡」でスピーカーを務める。

先生になりたくてなった僕が、突然、学校の先生を辞めた。それは、僕の人生を賭けて伝えたいことがあるから。

ミッションは、誰かの人生のひとつの選択肢になること。

僕は今、学校でも学校でなくても、子どもたちが自分らしく輝ける場づくりに取り組んでいる。その手段として、現在は鹿児島県沖永良部島で、放課後デイサービスやフリースクールの運営をしている。教育は、学校だけで完結することはない。僕がやろうとしていることは、目先の学校教育の変革ではなく、キャリア教育である。

一人の人間として、どうすればよりよく生きることができるか。大人とか子どもとかそんなのは関係なくて、誰かの人生のひとつの選択肢になれればいい。

たしかに、学校教育の現状に疑問点はあるが、否定はしない。学校の良さを残しつつ、アップデートをしていけばいいと思う。正直、今の学校のシステムは限界にきているし、先生方もこれ以上は頑張れないほど働いている。そこで、僕がフリースクールをつくることにより、学校も先生も子どもも保護者も選択肢が増えることを期待している。

僕は、学校に夢を見ていた。面白い授業をして、いっぱい遊んだり、イベントで盛り上がったり、笑いの絶えない学校生活をエンジョイするつもりだった。それはだいたい達成した。しかし、学校の仕事はそれだけではなかった。

僕がこれから完成させたいフリースクールとは、公立の学校でも応用可能なもの。何も特別なことはするつもりはない。当たり前に、「子どもたちのため」になるものをシンプルに行うことである。コンセプトとしては、「自由に学べること」。具体的には、「学びたいことを、学びたいときに学びたい場所で学びたい人と」。

子どもたちのワクワクをとことん追求できるようにすることが、「子どもたちのため」だと思う。そのために、オンラインとオフラインのコラボレーションを図る。

学習の基本は、チョーク&トーク形式ではなく、アプリで効率化を図る。もしくは、「たったこれだけプリント」のように学習指導要領に準拠した学習内容の精選された教材で学ぶ。探究的な学びは、チームでプロジェクトを組んだり、インターネットを使ったりしながら、学び合って進める。学年やクラスを解体し、自分の興味やレベルに合った学習を行う。これにより、一斉画一の学びから脱却し、自分らしく学ぶシステムが整う。自分らしく学ぶということは、自分の学び方、学びのスタイルを見つけていくプロセスである。つまり、自分の人生を生きるということである。これって普通に学校でもできないものか？　なぜ、やらないの？　生き方の選択肢を広げるには、魅力的なモデルを示すしかない。

そこで、子どもたちには早いうちから魅力的な人に数多く出会ってほしい。今やYouTubeやZoomで会おうと思えばいつでも会える。このように、魅力的な人から学ぶ学習も取り入れていく。それを、僕がフリースクールで実現していきたい。ただ現状は、お金がない。お金があればすぐにできるのに。

今はそこを打開するために次のような妄想をしている。

1　フリースクールの外部委託

「適応指導教室」って、名前からして行きたいと思うだろうか？　フリースクールなら、もっと行きやすくなるのではないか。外部委託により公立化すれば、金銭面の課題がクリアになる。利用料が下がればさらに行きやすくなる。

2　フリースクールと学校のシームレス化

学校の境界線をなくす。公立の学校とフリースクールを自由に行き来できるようにする。子どもも先生も保護者も多様な教育に触れることができ、学びの選択肢も生き方の選択肢も広がるのではないか。

3　通信制学校プラットホーム（ホームスクーリング支援）

学校に行かなくても学べるように。メンターとして、学び方を教えたり、ときには通学してもらい、学び合ってもらったりすることで、選択肢が広がるのではないか。

4　教育コミュニティシェアハウス

いつでも教育について語れる場を設営。ワンオペ問題の解消と多様な人との交流。生活自体が学び場でもあり、憩いの場となるのではないか。

5　TFJ（Teach For Japan）のフル活用

1～4を叶えるためには、圧倒的に人が足りない。でも、魅力的な人が集まったらめっちゃ面白い。これを解決するのがTFJ（135ページ参照）。

これらは全て実現可能と思っている。実現することで、僕自身が一人の人間として誰かの選択肢になれればそれでいい。一緒にワクワクすることやりませんか？

自分の時間を生きる

関西教育フォーラムの打ち上げのときに出た、「生き方」に関する、面白い話を紹介したい。場所は高級料亭で、僕一人がぺーぺーで、こんなところにいてええんかいなと、少しもじもじしていた。

パネラーとしてご一緒したビリギャルの著者である坪田信貴さんのお話がとても印象に残っている。坪田さんは、若くしてアメリカに渡り、起業をして成功を収められた。結果、単刀直入に言うと「かなりのお金持ち」になった。そのステージに達した時点で、坪田さんにとってお金はオマケのような存在になったのではないだろうか。坪田さんは「子どもの才能を最大限に引き出すこと」をミッションとし、坪田塾で超がつくほど勉強が苦手な子どもたちを成長させることに尽力されている。

想像してほしい。もし、あなたが3億円を手にし、毎日遊んで暮らせるようになったとする。朝起きて、一日中遊んで、美味しいものを食べて、寝るという生活だ。1か月ぐらいなら、ハッピーだと思う。しかし、次第に虚しさに支配されてくるはずだ。

その虚しさの正体は、自分が何ら世界に貢献していないという事実だ。生きるための一通りの衣食住が満たされた状態であれば、人は何らかのミッションを持たないと幸せにはなれないのではないだろうか。

●「ライスワーク」から「ライフワーク」へ

仕事には、次の3つの階層があるという。

1 ジョブ＝お金を目的として働くこと
2 キャリア＝地位や名誉のために働くこと
3 コーリング＝自分の使命達成のために働くこと

多くの人は、ジョブのステージで働いているといわれている。毎日イヤイヤ働いて、家に帰って発泡酒を飲んでスマホゲームをポチポチとやって眠り、次の日イヤイヤ出勤するような仕事のスタイルだ。

こういう働き方を、「ライスワーク」と呼ぶらしい。ご飯を食べるために働くということだ。このステージにいる限り、他人の時間を生きることとなってしまう。自分の時間を他人に切り売りして、その対価としてお金をもらうという構図になってしまうからだ。

2のキャリアは、自分の出世のために働く仕事のスタイルだ。ときに自分本位になってしまい、周りに悪影響を及ぼしてしまうかもしれない。まさに、くら寿司時代の僕のそれで、エゴ・ドリブンになってしまう。これも最適ではないだろう。

だからこそ、目指すべきステージがコーリングなのだと思う。仕事を自分のミッション達成のために手段にしてしまおうということだ。そうなると、自分の仕事は天職となってくる。仕事が生きがいとなってライフワーク化した状態だ。

坪田さんはまさしくそうなのだろうと思った。こうなってくると、仕事中、自分の時間を生きることができるようになる。仕事がライフワークとなれば、それは間違いなく人生の勝ち組だ。

ミッション・ドリブンの世界へ

ここでは、今一番僕が伝えたいことを話したい。教員として豊かに生きるための条件は何か。

それは自分の中にたしかな「ミッション」を持つことだ。それにドライブされて動く人がたくさん出てくることで、学校教育をもっと面白い世界へと変えていくことができると確信している。

今、世界をリードする企業は、例にもれずミッションにドライブされている。その、いくつかの例を紹介したい。

●パタゴニアのミッション

「私たちは、故郷である地球を救うためにビジネスを営む」

●スターバックスのミッション

「人々の心を豊かで活力あるものにするために――一人のお客様、一杯のコーヒー、そしてひとつのコミュニティから」

●ザ・ボディショップのミッション

「社会と環境の変革を追求し、事業を行うこと」

これらの企業は、それぞれのミッション達成のために企業活動を行い、利益は社会的役割を継続的に果たすための手段として位置づけている。ミッションに駆動され、人をハッピーにしようとする「ミッション・ドリブン型」の企業だと言えるだろう。ウェア、コーヒー、ボディソープはあくまでも手段であり、目的は「世界をより良くしていく」という上位目標にある。

これは、学校の世界にも置き換えることができるのではないだろうか。

「学校教育をもっと面白くしていく」という上位目標に向かい、それぞれの教員がミッションにドライブされ動いていくということだ。事実、ミッションを掲げて発信を続ける教育界のプレイヤーは、学校教育をプラスの方向へと動かしていっている。

次に挙げるのは、僕の仲間たちのミッションだ。

●井上拓也『水泳を通じて子どもの可能性を最大化していく』

●葛原祥太『「けテぶれ」で自立した学習者へ』

●らいざ『筋トレを教育界に広め、自信と笑顔にあふれる健康な教師を増やす』

これらのミッションを達成しようと、彼らは実践と発信をくり返している。そして、そのエネルギーは「学校教育をもっと面白くしていく」という上位目標の達成へと向かうはずだ。

ミッション・ドリブンとは、いわば「生き方」だ。何となく毎日を生きるのか、それとも何かを成し遂げようと生きるのか。僕は、後者として生きることが、教員としての人生をより豊かなものに、そして世界をより良いものに変えていくことができるはずだと考える。

●結果として「教員の魅力」を感じさせる

文科省や自治体のお偉いさんたちが、「教師の魅力をアピールする」というテーマを公的な場所などでよく話している。しかし、これは少しズレている。魅力を直接的にアピールするのではなく、結果として「あぁ、何か魅力的だなぁ」と学生たちに感じてもらうことが大切なのではないだろうか。そして、それは僕たち現役の教員にしかできないことだ。

ミッション・ドリブンで、実践と発信を続ける教員の姿を見て、教員の卵たちは何を思うだろう。一人一人の教員が現場でミッションを持って働く姿を見せることができれば、彼らの瞳に教員という仕事は十分に魅力的に映るのではないだろうか。「教師って、おもろそうやん」って、思わせることができれば我々の勝利だ。

その勝利をこれからいくつ積み重ねることができるかが、「教員の再魅力化」の達成のキーになるだろう。各々が自らのミッションを持ち寄り、その仲間となってくれることを願う。

まだまだ捨てたものじゃない

次のようなニュースを耳にした人はおそらくいないだろう。

「羽田発ホノルル行きのボーイングが日本時間の午前2時、無事に着陸しました」

当然だが、想定通りの日常がニュースになることはない。

言い換えると、非日常な出来事だけがニュースになる。さらに付け加えると、その非日常なニュースが断続的に流されると、あたかもそれが日常であるという錯覚を呼び起こす。

最近、教員を取り巻く暗いニュースが流れることが多くなった。採用試験の倍率低下、教員の病休や早期退職、非効率なシステム、パワハラ問題。

こういったネガティブなトピックスを見聞きするうちに、それが全ての学校に当てはまるものと捉えられがちだが、事実はどうだろう。教員採用試験の倍率が1倍台なのは一部小学校の自治体のみで、全国69県市の平均倍率は4.0倍という数字になっている。

実際の現場を見るとどうだろう。少なくとも、僕の働く現在の勤務校では心身を病んで休んでいる先生は一人もいないし、みんなエネルギッシュに働いている。産休に入った先生の代わりもしっかりと入ってくれている。ＩＣＴ化も進んできており、会議はペーパーレスだし、この秋にはコンピュータ室にタブレットが40台導入される予定だ。

そして、僕の上司である校長は慧眼《けいがん》の持ち主で、学校ぐるみで教員の勤務時間を減らしつつ、子どもの学力を上げるという実績を上げている。そもそも、過去にニンテンドーＤＳを使った漢字学習を市町村に実装させたぐらいにイノベーター気質だ。世の中の学校長は、波風を立てずに保守的に事を進める人ばかりだと僕自身が思い込んでいたので衝撃を受けた。

同じように世間には、本やネットで見聞きする有名な学校長以外にも、多くの素晴らしい教員がたくさんいるはずだ。

毎朝離陸して、何事もなく日常の空を飛び、夕方には無事に着陸している教員が、じつは多数派なのではないだろうか。『ファクトフルネス』（日経ＢＰ）でも言及されているが、人は一部の世界を切り取り、その思い込みから世界を正しく見ることができなくなってしまう傾向にある。そして、現状は悪化していく一方という思い込みもしてしまう。

教員の世界はブラックだというのは事実ではある。しかし、メディアにより誇張されている部分もあり、おそらく世論と事実には、大なり小なりの乖離《かいり》が発生しているとも感じる。

ミッションにドライブされた現場の教員による発信が増えていくことで、不安を感じている教員を目指す学生たちに光を見せることができるのではないだろうか。そういった仲間たちは着実に増えつつある。

教育の世界は少しずつだが、良くなってきている。そう、「学校現場」はまだまだ捨てたものじゃないのだ。

やっぱり……、教師は素晴らしい仕事

最後に、僕なりの教員の魅力を伝えたい。まず、ぶっちゃけて言うと、この仕事は結構大変だ。この本を書いている令和元年現在、僕は今仕事で実際に苦労をしている。思っていた通りに進むことのほうがめずらしく、うまくいかないことのほうが多い。落ち込むことも数知れない。しかし、何にも代えがたい瞬間に出会えることは、この仕事の魅力だと言える。それは「火花が散る瞬間」だ。

子どもの「できた！」という表情を見る瞬間、僕の脳内には火花が散る。これはどんな仕事でも体験できるものではない。一定のクリエイティブな領域を持つ仕事に就くものの特権だ。教員という職業は多くの制限があるように見えて、案外教員個人による裁量が大きい。火花を散らすことのできる仕事はそんなに多くはないはずだ。

そして、僕が感じる教員の魅力のひとつは教え子たちとのつながりだ。担任をするのは1年限りのことが多いが、その子たちにとってはいつまでも僕は「先生」なのだ。担任が終わっても、ときどき手紙やLINEをくれる子どももいる。「あぁ、自分のことを覚えてくれていて、認めてくれているんだな」と嬉しくなる。

1章の「茶々太郎」のエピソードで出た、智弁学園のエース・山本奨人くんと偶然会う機会があった。1時間ほど当時のことや今のことを語り合った。そのとき、今でも自分のことを「先生」と呼んでくれることが本当に嬉しかった。テレビ越しにマウンドに立つ彼を見たときの誇らしさといったら、本当に言い表せないものだった。

また、初任校で盛大なサプライズを企画してくれたMさんは、卒業式の日、「将来、教師になりたい」と言ってくれた。この瞬間の火花の散り方は特大の打ち上げ花火級だった。教員をやっていて、最高に嬉しかった瞬間のひとつだ。でも現在、彼女は将来を迷っているようだ。昨今の教員はブラックな職業という報道を見て不安になっている。現職の一人として責任を感じるとともに、この状況を何とかしていかないと、という思いが込み上げてくる。

「教育の生産性を上げ、教師も子どももハッピーに」という僕の掲げるミッションの達成を加速していくことで、教育の未来を明るく照らしていきたい。

「おわりに」にかえて

生産性を上げた、その先の話。そんな、極めて解像度の低いイメージを起点として始まったこの本。書き進めながら何度も何度も迷走しました。迷走具合が書面に表れてしまっていたら、申し訳なく思っています。ただ、本書で提案した「ミッション・ドリブン」で人生の濃度を上げていくことは、それは人生の豊かさへと直結するはずです。自分のミッションを見つけて、発信をスタートする教員が一人でも増えれば、この本を書いた意味があると思います。

「高ければ高い壁のほうが登ったとき気持ちいいもんな」

これは、本書内にも出てくる『終わりなき旅』の有名なワンフレーズです。別に、ミッションなんてむずかしいことを考えず、毎日を淡々と過ごす生き方のほうが気楽でしょう。ミッションを達成することは簡単ではありません。それは〝高い高い壁〟です。でも、僕は日本の学校の教員の働き方が改善され、みんながハッピーになるような景色を見たくて、高い壁を登っている最中です。もちろん、それによって多くの葛藤と戦うことにもなります。正直、「発信」なんて全部やめて、以前のように普通の暮らしに戻りたいと思ったことは一度や二度ではありません。でも、一度ミッションを持つと、なかなかそこから足を洗うことはむずかしいようです。いつしか、それは僕にとっての「生き方」になってしまっていました。

冒頭でも述べたように、人生は一度きりの有限なものです。何かを成し得る人生を選ぶのか、何となく生きる人生を選ぶのか。それは自由です。僕の場合は、人生が終わる間際に「自分はこれをやりきった」ということを高らかに叫びたいので、前者の立場を選びました。いつかみなさんと、壁の向こうの素晴らしい光景を見てみたい。そう願っています。

最後に、本書に寄稿いただいた葛原祥太先生、若松俊介先生、神前洋紀先生、そして今までオンライン、オフラインを問わず僕を支えてくださった多くの仲間に深く感謝を申し上げます。

坂本良晶

PROFILE

坂本良晶（さかもと よしあき）

京都府立公立小学校教諭。ビジネス界のマインドや手法を学校に取り入れ、子どもと教師のwin-winを目指した『教育の生産性改革』に関する発信を2017年よりスタート。ツイッター上でつながったインフルエンサーの先生たちと、教育フェス「watcha!」などを開催。前職ではくら寿司の店長として全国1位の売上を誇るなど、異例の経歴の持ち主でもある。著書に『さる先生の「全部やろうはバカやろう」』（学陽書房）がある。

STAFF

デザイン　金井久幸、藤 星夏、岩本 巧（TwoThree）
イラスト　宮内めぐみ
校正　滄流社
編集担当　飯田祐士

「学校現場」を大きく変えろ！
MISSION DRIVEN
回転寿司チェーンで売上トップだった転職教師の僕が、ツイッターで学校の「ブラックな働き方」を変えていく話

著　者　坂本良晶
編集人　新井晋
発行人　倉次辰男
発行所　株式会社主婦と生活社
〒104-8357
東京都中央区京橋3-5-7
TEL.03-3563-5058（編集部）
TEL.03-3563-5121（販売部）
TEL.03-3563-5125（生産部）
http://www.shufu.co.jp
印刷所　太陽印刷工業株式会社
製本所　小泉製本株式会社

ISBN 978-4-391-15382-8

第2部「実践編」は、こちらのページからお読みください。

第2部

［実践編］

教育の生産性を上げる 3つのテクニック

～「外なる働き方改革」の雨乞いをする前に、
「内なる働き方改革」の井戸を掘る～

なぜ、生産性を上げるのか？

そもそも、なぜ僕たち教師は生産性を上げないといけないのか。それは、自分やその家族、そして学校で受け持つ子どものハッピーのためです。僕がよく話しているフレーズがあります。

「教育の生産性を上げ、子どもも教師もハッピーに！」

これが僕の掲げるミッションです。

生産性の公式は、分母をインプット（教師の働く時間）、分子をアウトプット（子どもの成長）で表します。要するに生産性を上げるためには、インプットを減らすか、アウトプットを増やす必要があります。

$$\text{教育の生産性} = \frac{\text{子どもの成長（アウトプット）}}{\text{教師の働く時間（インプット）}}$$

OECD（経済協力開発機構）の調査においても、日本は、子どもの学力は高いが、教師が働きすぎているという結果が出ています。それにより、心身に不調をきたして休職や退職をする教師が後を絶ちません。また、勤務環境のブラックさが一因となり、教員志望者も激減しています。このままの状態が続いた場合、子どもも教師もアンハッピーになってしまうのは明らかです。

だからこそ、公教育という名の船は、「**より短い時間でより良い教育を**」という方向へと舵を切らなければなりません。幸いなことに、ここ最近で潮目は変わりました。聖職者たる教員は、時間を惜しまず働くべきだという世間からの向かい風は弱まってきています。

国や自治体が仕組みを変えることは、「**外なる働き方改革**」と、僕は呼んでいます。これは実現するかどうかも怪しいものです。それに願いを託し、状況の好転を受身的に祈る行為は、いうなれば、“**雨乞い**”です。

それに対して、自分自身の生産性を上げることを「**内なる働き方改革**」と呼びます。これは能動的に、「時間」という水を入手するための“**井戸を掘る**”ことです。

ここでは教師が個の生産性を上げるために何をすればよいか、具体的な方法をお伝えしていきます。

1 仕事の価値づけ

目の前の仕事を手当たり次第にやっつけない。「生産性マトリクス」で選択と集中を

さて、「生産性を上げる」というマインドセットに変えたうえで仕事に取りかかるわけですが、目の前の仕事をガムシャラにやっつけるやり方はご法度です。

まず、すべきことは目の前の仕事に価値づけをすることです。そのうえで、価値ある仕事に集中的に時間をかけ、そうでない仕事にはそれなりに、そもそも価値のない仕事はやらないという選択肢を行使する必要が出てきます。**時間は極めて有限性の高いリソース（資産）**です。それを全ての仕事に等しく配分できるほどの余裕はありません。

では、仕事への価値づけを具体的にどうやって進めていくのか。

仕事の本質的重要度を見抜き、仕事を絞り込むことにより、総合的なクオリティを上げていくという最適解を選ぶことが大切となってきます。

▶「生産性マトリクス」で選択と集中を

仕事の優先順に価値づけをし、選択と集中をするために最適化されたものが、次の「生産性マトリクス」です。これは、**縦軸を仕事のデキ（完成度）、横軸を仕事の本質的重要度とした４象限のマトリクス**です。

ここからは、4象限のそれぞれの仕事の割り振り方について具体例を交えながら説明していきます。ただし、その割り振り方は人によってポイントが違うと思うので、提示例通りではなく、今の自分の価値観やこだわりによって最適化をしてください。

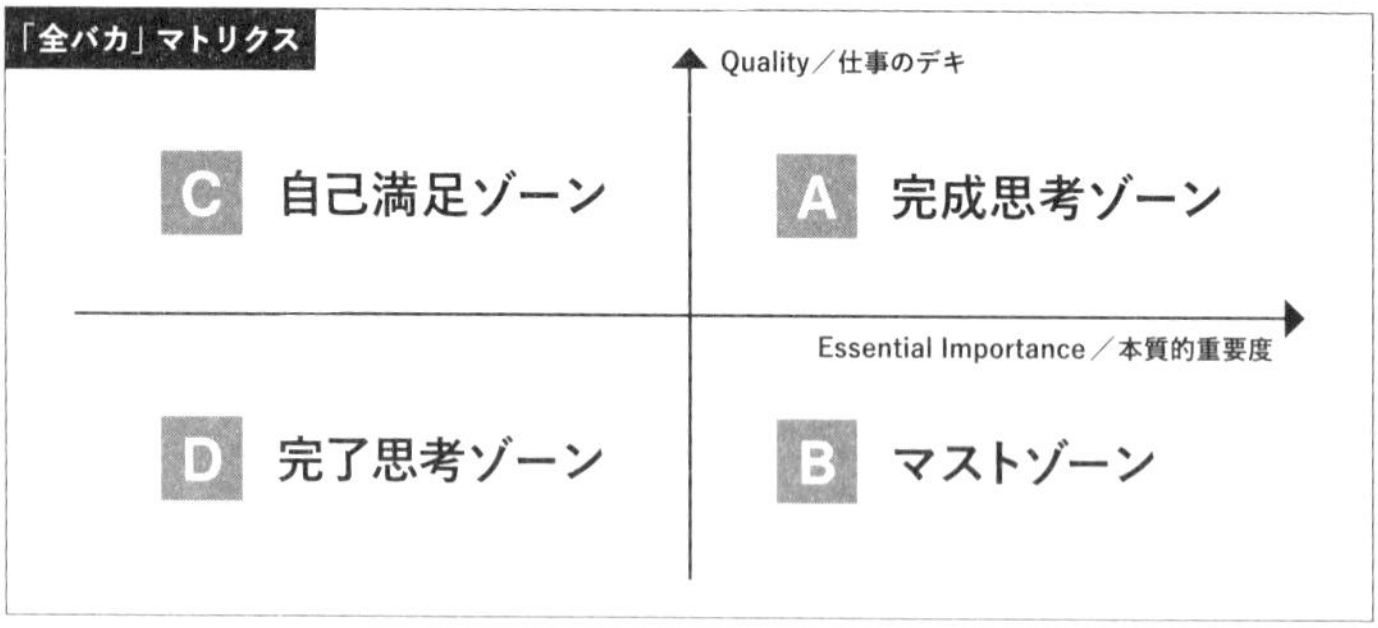

●D象限「完了思考ゾーン」

D象限には、本質的重要度が低い仕事が割り当てられます。その仕事をする一定の必要性は認められるが、**成果があまり期待できないため、ひとまずこなせばよい**という「完了思考」で仕事を処理していく必要があります。何事も丁寧に完璧に

といった美徳に囚われてしまい、その結果、本当に大切な仕事のデキがイマイチなものとなってしまっては元も子もありません。

具体的な仕事例　▶過度な手書きコメント　など

C象限「自己満足ゾーン」

この領域を、「自己満足ゾーン」と呼びます。**成果の上がらない仕事の質を高めても、そこに意味はありません。**いうなれば沈みゆく運命にあるタイタニックの椅子を凝って並べる作業です。

多くの場合、体裁や見栄えを気にしすぎることで、ここにエネルギーが注がれてしまいます。ここの仕事は潔く切り捨てるか、D象限へはたき落として時間をかけないという選択肢をとるべきです。

具体的な仕事例　▶華美な掲示物　▶お便りのイラスト　▶運動会演技の過度な演出　▶研究授業のときだけの張りもの　など

B領域「マストゾーン」

本質的重要度はどうあれ、マスト（必要）な仕事がここに配当されます。この領域の仕事は、次の2つの視点で分けることができます。

①マスト仕事A

やることが義務づけられていて、子どもを伸ばすことが期待できる仕事。この仕事は**時間をかけてデキを上げていくべき**です。

具体的な仕事例　▶通知表の所見作成　など

②子どもの変化を十分に引き出さないマスト仕事B

やることが義務づけられているが、子どもを伸ばすことにつながらない仕事。完了思考でひとまずこなしていきましょう。この象限の扱いがキーとなっており、一見するととても重要に感じる**これらの仕事にエネルギーを注ぎすぎないこと**がポイントになります。

具体的な仕事例　▶要録所見　▶週案の丁寧すぎる書き込み　など

●A領域「完成思考ゾーン」

質をしっかりと担保する完成思考で取り組むべき仕事がここに入ります。それは本質的重要度の高い仕事です。**「学力向上」と「学級経営」は対となってここに存在する**と言えます。

ここで言う学力とは、偏差値60や70といった絶対的な学力ではなく、子ども一人一人にとっての相対的な学力のことを指します。少なくとも、「前より僕は賢くなっているんだ、できるようになってきているんだ」という気持ちを持たせることが大切です。

生産性を上げる、さるの道

全ての仕事のデキを上げて、それぞれのマトリクスの上部に位置させることは不可能です。なぜならそれには時間が必要であり、また時間は有限だからです。

そこで最適解となるのが、下図のように**本質的重要度の高さに応じて適切に時間と労力を投下していき、成果を上げていく**というアプローチです。

これを、生産性を上げて5時（定時）に帰るための「さるの道」と呼んでいます。

反対に、自己満足にこだわり、時間ばかりかかってしまう仕事への取り組み方を「いぬの道」と呼びます。

この思考を持つことにより、量に依存する働き方からの脱却ができるのです。

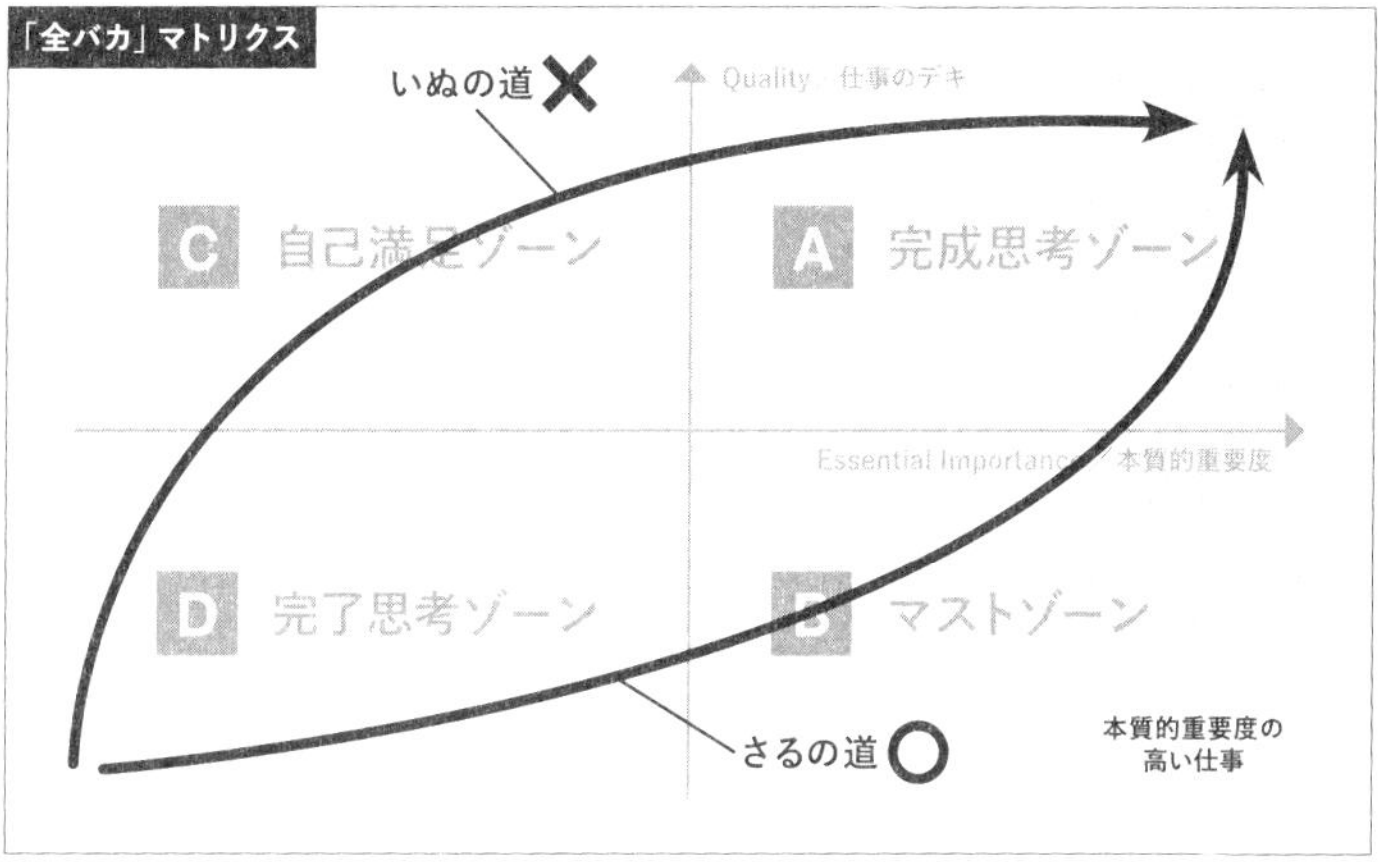

2 タイムマネジメント

「手を速く動かす」ことによる効率化は、ほんのわずかしかない

▶忙しさの波をズラす

今日の学校現場では、「時間」をリソースとする考えがビックリするほど枯渇しています。小学校では、週に30時間弱の授業をしなければなりません。そのため、始業時間と同時に子どもと一緒の時間は始まり、終業時間1時間半前に子どもが帰宅するというのが通常の時間帯です。すなわち、子どもと時間を別にするこの1時間半余りで授業準備や学級事務、校務分掌の仕事をしなければなりません。これはいうなれば、無理ゲーです。

しかし、その**時間をうまく手なずけたり、新たに発掘する**ことでその無理ゲーの難易度を下げることは可能です。

タイムマネジメントのポイントのひとつは、忙しさの波をズラすことです。これは、学校現場に限ったことではありませんが、仕事には忙しさの波があります。銀行の現場は月末

に、飲食店は連休シーズンに、学校では学期末に忙しさのビッグウェーブがやってきます。

想定できないイレギュラーという名の大波が来た場合には仕方ありませんが、来ることがわかっているのなら、違うタイミングに仕事を散らして、波を小さくすることができるはずです。

その際、**どの仕事を繁忙期にすべきか、閑散期にすべきかという判断が非常に重要**になってきます。結論から述べると、仕事の質が保存できない“生もの仕事”を学期の間に専念し、仕事の質が保存できる“乾きもの仕事”を長期休業中にすべきなのです。

では、その具体例について説明していきます。

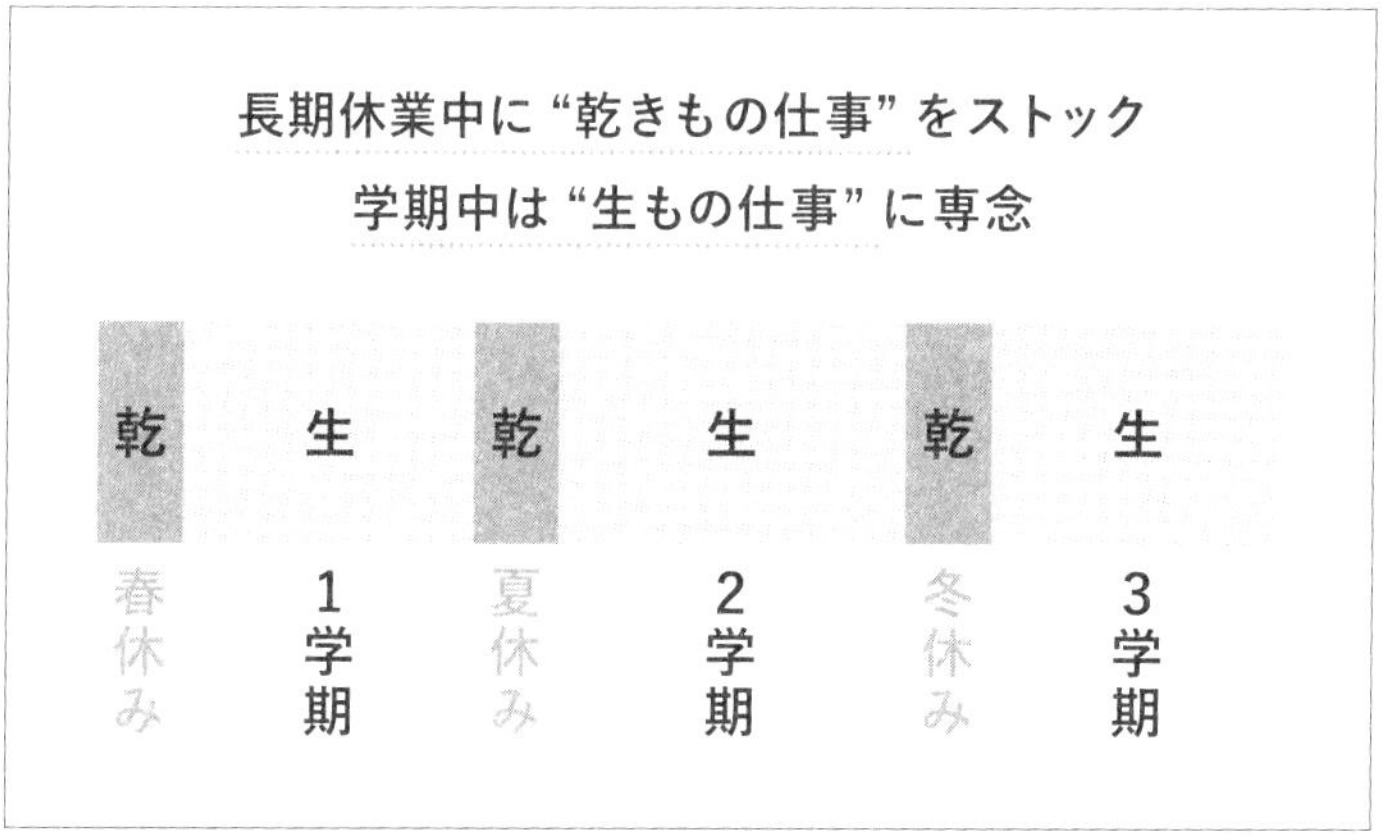

●**生もの仕事** → シーズン中に、刻んで処理する。
●**乾きもの仕事** → 長期休業中などのオフシーズンに、まとめてやっておく。

[すぐにやる ― 生もの仕事]

①成績処理 〜アーリー・ショケナーへの道〜

成績処理はため込まずに、その都度すべきです。そのなかでも所見作成はとくにです。今の学校現場における主流は、学期末にまとめて通知表の所見を書くというスタイルになっています。しかしながら、これは「思い出す」という負荷がかかるため、脳にとって過酷な作業なのです。

それを避けるためのベストな方法は、パソコンのデスクトップに所見のExcelを貼っておき、学期を通じてタイムリーに所見を書いていくことです。このようなスタイルを“アーリー・ショケナー”と僕は呼んでおり、ツイッターで常々提案してきました。

所見を記録するタイミングは簡単で、子どもをほめたときです。その日の放課後に、忘れないように記録することが肝心です。文章として打つ時間がないのであれば、「二重飛び」「百ます計算」など、キーワードだけでも記録しておくとよいでしょう。

②会計処理

これはお金が動く度に確実にやっておくべき作業です。自治体によって会計報告の方法はさまざまですが、短いスパンで整理しないと頭がこんがらかってしまいます。

③出席簿

通知表や要録などの記録は、月末などに細かにやっておかないと、後々混乱します。暦に関係なく休みになる、気象警報発令による休校や、感染病による学級閉鎖は要注意です。

④時数管理

週案ソフトでパソコン管理すれば比較的簡単に管理できます。しかし、学級閉鎖などが生じると一気に煩雑になるので注意が必要です。「学校行事」「児童会」「週の時数」「累計時数」あたりにポイントを絞って、毎週狂いがないかチェックすることでズレを防ぐことが大切です。

［ 時間があるときにやる ― 乾きもの仕事 ］

①学習プリントやワークシート類の印刷

これは長期休業中にまとめて一気にやっておくべきです。まとめてすることで、その都度印刷するより無駄な動作を省くことができます。

②学年便り・会議資料等の大枠作成

受け持った学年や分掌に応じて、作成することが決まっている資料は大枠だけを先に作っておくことをおすすめします。基本的に前年度のものをベースに、日付やスケジュール、異動による担当職員の名前の入れ替えなどを、事前に作り替えておき、細部を学年や部会で調整するようにすると楽になり

ます。なお、ワードなどでの名前の入れ替えは、「検索・置換」の機能を使うと一括でもれがなくできるので時短になります。

▶『テスト最強メソッド』で時間を発掘

2つ目のポイントは、「時間を発掘」することです。潜在的な時間の埋蔵量は意外と多いものです。学校に子どもがいる間でも、時間を発掘することで、放課後の時間を確保することが可能となります。

その一例として、僕が考案した『テスト最強メソッド』を紹介します。

授業時間内に「テスト→採点→転記→返却→直し」を完結させるこのメソッドを使えば、45分で全てを終わらせることが可能となります。

1. テスト

いざ、テスト開始。点数を転記するための名簿、テストの解答を机上に用意し、それ以外は何も置かないようにします。そして、テストが終わった子どもは、提出前に必ず見直しをさせる指導をします。見直しをしたというサインに、問題番号に丸をつけることを習慣化させるとよいでしょう。これによりイージーミスを減らすことができます。

自分で間違いに気づいて直せることが素晴らしいという価値づけをしてあげることがポイントです。

2. 採点

必殺！ 丸付け界王拳

一人目の子が提出したら採点スタート。正解は「・」、間違った箇所は「レ」。そして、100点だったら大きく赤丸をつけます。これがツイッターで話題を呼んだ、『丸付け界王拳』です。

必殺！ 得点速記法

採点したテストごとに点数を記録していきます。その際、満点の子は『一』と記録します。また、40点の場合は『4』、35点の場合は『3・』と記録します。ゼロと5を書く回数を減らすと転記時間は短縮されます。

3. 返却・直し

採点が終わったら即、返却に移ります。100点の子どもには、苦手な子のフォローに回ってもらうといいでしょう。

▶ 時間の有限性を意識する

3つ目のポイントは、「時間の有限性を意識」することです。ちなみに僕はこの原稿を仕事帰りのコンビニのイートインコーナーで（理想はスターバックスだが）、必死に打ち込んでいます。娘たちの保育園のお迎えには夕方6時半には行きたいところ。現在の時刻は6時15分。よし、あと15分でこのタイムマネジメントの章を書き終わらせるぜ！　と集中力を研ぎ澄ましています。

このように**時間の有限性を意識すると、仕事の集中力も高まり、時間当たりの仕事密度を上げる**ことにつながります。「100ます計算」で集中力を高める子どもと同じ理屈ですね。

その際、終了時刻から逆算して、ここまでにこれを終わらせようと計画することが大切になってきます。これを「逆算思考」と呼びます。漠然と時間を使って、漠然と何となく仕事をしていると生産性は必ず落ちます。

また、僕のよくやる方法で、「15分パッケージ法」もおすすめです。仮に45分間の仕事時間があったとしたら、それを3分割して「15分×3パッケージ」と捉え、それぞれのパッケージでどの仕事を処理するかを計画します。来週の週案作りに1パッケージ、教材印刷に1パッケージ、便りを作るのに1パッケージといった具合です。

よし、間に合った！　保育園にお迎えに行きます。

逆算思考

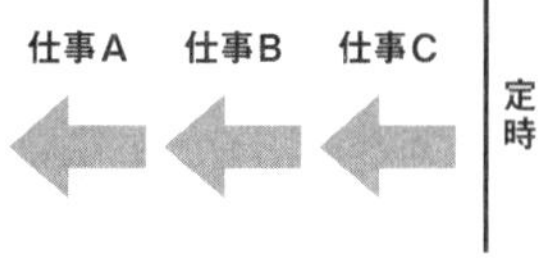

定時から逆算して仕事を終わらせる意識が生産性を高める

15分パッケージ法

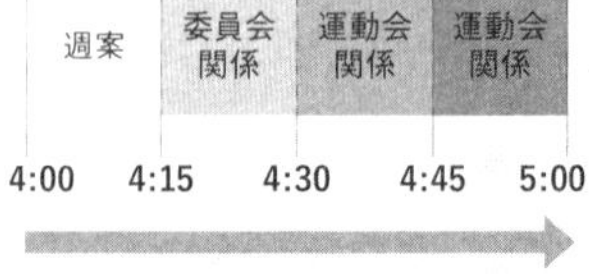

時間の有限性を意識することで生産性を高める

3 資料管理

学校現場は“紙々”との終わりなき戦い。紙を制すものが、学校を制す

学校現場は、いわば「紙との戦い」です。

怒濤のように押し寄せる紙々たちを制圧できるようになると、生産性が上がってきます。紙々との戦いを制す者が学校を制するのです。

①動線ゼロでデスクの紙を処理

職員室のデスクには、すぐに紙がたまります。経験上、ほとんどのものはゴミになります。しかし、その都度古紙に出しに行ったり、シュレッダーをかけたりしては動線が多くなり無駄が大発生します。そこでおすすめなのが、**足元に「古紙用」と「溶解処理用」のボックスを用意すること**です。これにより、動線ゼロで一旦ストックすることができます。ある程度たまったらそれぞれの方法で処理するといいでしょう。

②紙はクリアブックで保管

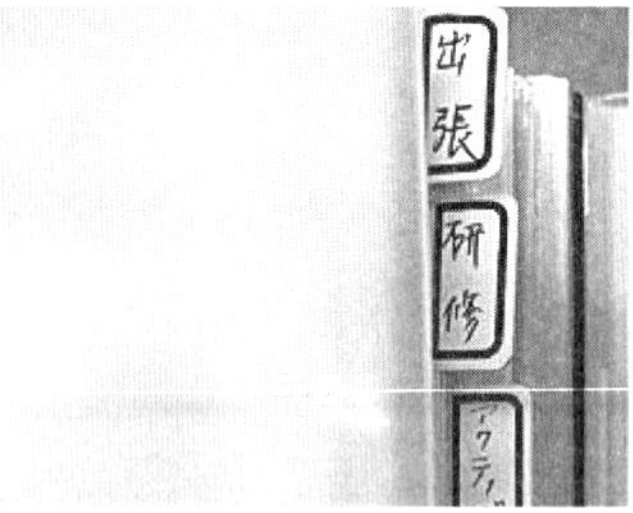

残しておく必要のある紙は、クリアブックで保管します。よく学校から無料で配布される二穴パンチのファイルがありますが、あれは避けたほうがいいでしょう。パンチ穴を開ける、綴じるといった付随作業が発生するためです。

そして必ず写真のようなインデックスを付けます。その際、おすすめなのが**「アクティブ」という欄を複数ページ分設けること**です。

これは、3日以内ですぐに提出しないといけないけれど、今すぐできないものや、家庭訪問の個票といった近日中に配布するものを入れておくページです。

③オートメーション掲示

子どもの作品掲示は、結構な時間を奪われがちです。この作業自体は価値を生み出すものではないので、極力時間や労力を減らしたいものだと思います。

そこで大切なことは、**作業時間を減らすために「急ぐ」のではなく、そもそもの仕事を「減らす」ことが大切**です。ポイントは仕組み化。最小の作業で、子どもたちに手伝ってもらいながら進めることで、放課後までに全てを終わらせることができるようになります。

▶ 習字

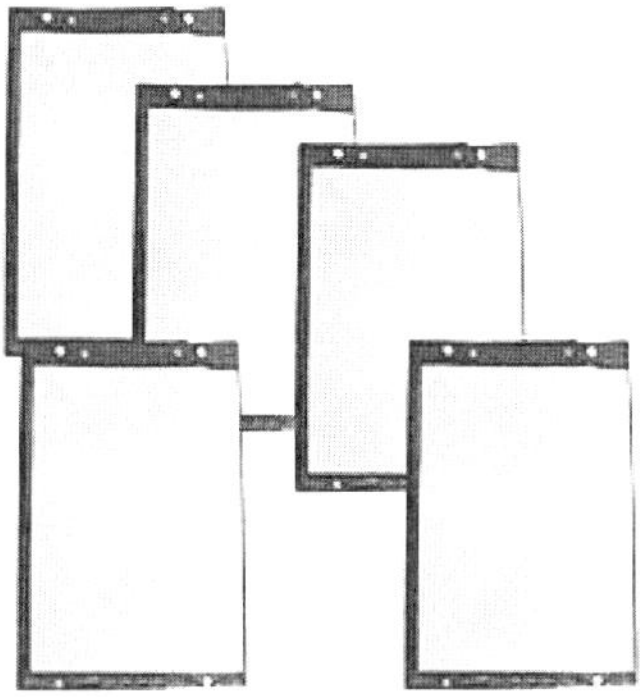

習字ホルダーを廊下などの壁面に常設することで、子どもたちが全自動で自ら作品を習字ホルダーに入れに行くという仕組みを構築することができます。

▶ ステー＆ツーダンクリップ

図工の絵画作品。やはり、画びょうはNGです。

おすすめは壁面最上部に透明の養生テープをステーとして設置、そこにツーダンクリップを使って掲示していく方法です。

子どもたちに指定の枚数で、ツーダンクリップで連結させた絵を持ってきてもらえば、すぐに掲示することができます。図工の鑑賞を授業の前半で終わらせ、後半に掲示作業をさせる計画にすれば授業時間内で完結させられます。

④マルチワークシート

必要に応じてワークシートを作ることがあると思います。理科などの既存のワークシートが存在する場合はそれを活用すればいいでしょう。しかし、既存のものがない科目などで、毎回新しいものを作り続けるのは大変です。

そこで、**A4サイズの2種類のワークシートを用意し、年間通じてそれをフル活用**します。汎用性をきかせることで作業時間を減らすことができるようになります。

Aタイプは文字だけのタイプ。Bタイプは上半分が絵、下半分が文字のタイプです。この2種類さえあれば、ほとんどの活動シーンをカバーできます。

Aタイプ

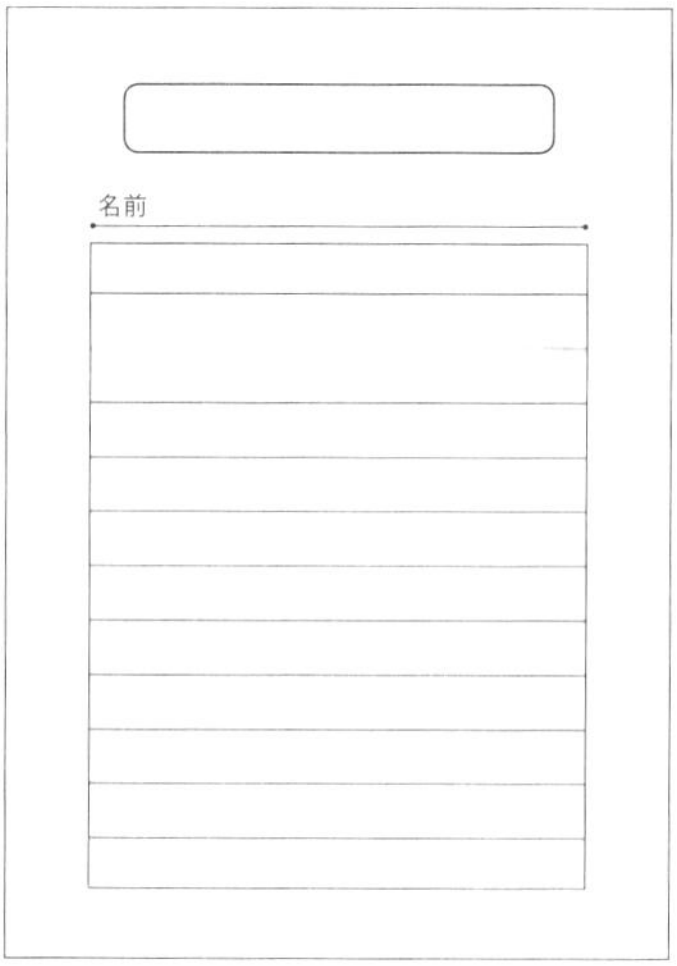

Bタイプ